从零开始学
文案编写与活动策划

叶龙　编著

清华大学出版社
北 京

内 容 简 介

　　本书主要介绍文案编写和活动策划的实战技巧，帮助读者从入门到精通文案写作与活动策划。本书分两篇进行讲解：一是文案编写篇，主要介绍了文案的标题打造、内容布局、写作技巧、配图排版、广告文案宣传等方面的内容；二是活动策划篇，主要介绍了活动策划的前期准备工作、整个流程步骤和注意细节、活动结束后的收尾总结等方面的内容。

　　本书既适合文案编辑人员、活动策划人员和活动执行人员，还适合新媒体领域的营销人员、自媒体作者、内容创作者，以及想提升个人能力的营销、策划、文字编辑人员。

图书在版编目(CIP)数据

从零开始学文案编写与活动策划 / 叶龙编著. —北京：清华大学出版社，2020.10（2024.8重印）
ISBN 978-7-302-56589-5

Ⅰ.①从⋯　Ⅱ.①叶⋯　Ⅲ.①营销策划—文书—写作　②商业活动—组织管理学　Ⅳ.①F71

中国版本图书馆CIP数据核字(2020)第187400号

责任编辑：张　瑜
封面设计：杨玉兰
责任校对：李玉茹
责任印制：丛怀宇
出版发行：清华大学出版社
　　　　网　　　址：https://www.tup.com.cn，https://www.wqxuetang.com
　　　　地　　　址：北京清华大学学研大厦A座　　　　　　邮　　　编：100084
　　　　社 总 机：010-83470000　　　　　　　　　　　　邮　　　购：010-62786544
　　　　投稿与读者服务：010-62776969，c-service@tup.tsinghua.edu.cn
　　　　质量反馈：010-62772015，zhiliang@tup.tsinghua.edu.cn
印 装 者：三河市龙大印装有限公司
经　　销：全国新华书店
开　　本：170mm×240mm　　印　　张：15.5　　字　　数：372千字
版　　次：2020年11月第1版　　印　　次：2024年8月第3次印刷
定　　价：59.80元

产品编号：067865-01

前言

文案原指在桌子上写字的人，现在指的是公司或企业中从事文字工作的职位，具体来说就是以文字来表现已经制定的创意策略，或表达自己的思想观点。

新媒体时代，各种各样的内容信息层出不穷，图文和短视频是内容创作的两大主要形式。图文也可以称为文案，而短视频的解说也是要事先写好文案稿子，才能通顺流畅地进行录制。

在广告营销领域，文案的应用更是无处不在，产品的宣传需要以文案为载体，品牌的推广也需要事先制定好文案策略，所以文案写作是新媒体运营者、营销推广人员和文字编辑的必备技能。

在现实生活中，活动无处不在，大家肯定都参加过各种类型的活动，在体验活动给我们带来乐趣的同时，也应该思考一次出色的活动是如何成功举办的，事先需要做哪些准备工作？在活动进行的过程中，又要注意哪些细节才能保证活动的顺利进行？这一系列环节，就是我们经常说的活动策划。

对于企业来说，活动策划是提高市场占有率的有效措施，一份可执行的、创意突出的活动策划方案，可以有效提升企业的知名度及品牌美誉度。所以，如何制定好完善规范、严密周到、独特新颖的策划方案就成了文案策划人员必须提升的职业技能，这样才能在众多同行中脱颖而出，形成较强的竞争优势。

本书旨在从文案创作与活动策划这两个方面给大家提供系统的知识学习。本书内容全面，结构清晰，语言简洁，内容知识点框架如下。

(1) 文案创作篇。文案创作篇的知识内容分布在本书第 1 ~ 7 章，主要的知识要点包括：文案的写作建议和经验、文案方向的掌握和定位的方法、内容布局和表现技巧、标题的写作技巧和案例分析、优质内容的写作方法、文案的配图和排版，以及广告文案的特点讲解等，基本上涵盖了文案创作所有的知识技能内容。

(2) 活动策划篇。活动策划篇的知识内容分布在本书的第 8 ~ 12 章，主要的知识要点包括：活动策划的优势作用以及网络对活动策划的帮助和影响、活动前期准备工作的核心要点、活动的整个流程步骤和活动进行时要把握的细节、活动结束后的清场收尾和总结复盘等。

当然，活动策划篇的"压轴大戏"——活动策划实战案例，笔者把它安排到了最后一章来详细地讲解，也不负广大读者的殷切期望。第 12 章列举了 10 个最典型、最热门的活动策划类型案例讲解和实操模拟，可以帮助对于活动运作不是很熟练的策划新手迅速掌握其中的精髓。

通过本书的学习，你不仅可以掌握文案编写的写作技巧，让自己成为一个"妙笔生花"的人，还可以轻松搞定各种类型的活动策划，帮助你提升自己的价值和竞争力，让你成为职场上最耀眼的那颗星。如果笔者的这本书为大家提供了很大的帮助和提升，那笔者所花费的时间和精力也是值得的。最后，希望大家通过学习各种技能和知识，不断地充实和提升自己，在未来遇见更好的自己！

本书由叶龙编著，参与编写的人员还有李想等人，在此表示感谢。由于作者知识水平有限，书中难免有错误和疏漏之处，恳请广大读者批评、指正。

编　者

目录

第1篇 文案编写篇

第2篇 活动策划篇

第1篇
文案编写篇

第 1 章

初步了解，文案知识

随着社会的不断发展，文案的应用越来越广泛，从事文案写作的人也在不断增多，那么写新媒体文案需要了解哪些重要的内容呢？本章主要针对文案编写的要点进行分析，帮助新手入门，掌握编写文案的方法和技巧。

1.1 新手入门，文案内容

在飞速发展的信息时代，文案不仅需要跟随市场发展的趋势，还需要具备营销的思维和意识，不断地去充实自己的知识储备。知识学习是永无止境的，有些文案编辑虽然接受过专业的培训，本身的文字功底也不差，但是，在编写文案前很少考虑写作的基本要点，导致文案难以获得预期的效果。所以，笔者结合自己的工作经验，和大家分享编写文案的 5 个基本要点，希望能对大家有所帮助。

1.1.1 写作之前，明确对象

文案写作前，首先需要考虑你的目标客户人群有哪些，只有确定了客户人群的类型，了解目标客户的特征，你才能写出对客户有用、符合客户需求的优质文案。如果文案写出来，还不知道自己的客户群体对象有哪些、市场在哪里，那么，你写的文案就是无的放矢，这样写出来的文案毫无吸引力。

于是，有人就会问了，该如何确定目标用户群体呢？现在最流行、最常用的一种方法是制作目标用户人群画像，统计出客户人群的特点、属性等数据。比如用户的性别、年龄、学历、职业、收入、兴趣爱好等，需求不同，用户画像自然不同。

下面是智能手机主流品牌用户画像总结，如图 1-1 所示。

图 1-1　主流品牌用户画像总结

从图 1-1 中我们可以看出，华为和小米手机以男性用户为主，OPPO 和 VIVO 以及苹果手机以女性用户居多；从学历属性来看，华为和小米手机的用户人群学历普遍较高，OPPO、VIVO、苹果手机的用户人群学历相对比较低，而且用户学历差距很大；从收入因素来看，华为和小米手机的用户人群，其平均收入反而要高于 OPPO、VIVO 和苹果手机用户人群。

下面我们具体来看华为手机品牌的用户画像，如图 1-2 所示。

图 1-2　华为手机用户画像

从图 1-2 中我们不难看出，华为手机的用户人群有以下几个特点，如图 1-3 所示。

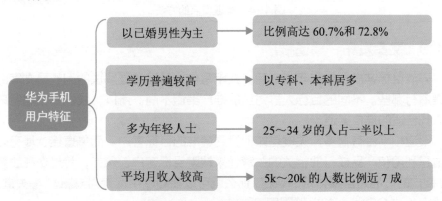

图 1-3　华为手机用户特征

1.1.2　找出卖点，解决需求

确定了目标客户人群之后，接下来我们还要弄清楚客户的需求是什么，针对客户的需求在文案写作时突出产品的卖点。大多数文案人员在强调产品的卖点时，不管三七二十一，而把自己所能想到的产品特性全部写上去，看上去好像很有竞争力、吸引力，其实，说难听点就是"王婆卖瓜，自卖自夸"。

文案的卖点不是自娱自乐，它必须紧紧抓住客户的痛点，以客户的需求为核心，这样的文案才会有生命力。因此，撰写营销性质的文案，卖点需要集中，当核心卖点有好几个的时候，要根据不同的客户或情景强调不同的卖点。

产品的卖点需要实事求是，要经得起消费者的验证，决不能夸大事实、虚假宣传、欺骗消费者。下面笔者来分析一下卖点该如何验证，如图 1-4 所示。

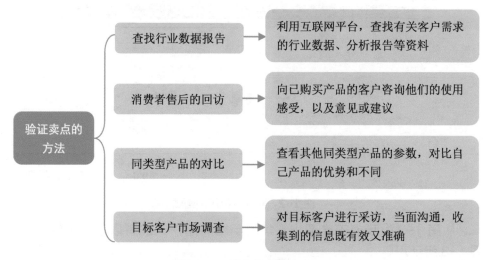

图 1-4　验证卖点的方法

1.1.3　文案发布，渠道推广

弄清目标客户群体和卖点之后，文案写作人员还需要解决的问题是文案的发布渠道有哪些。不同的目标人群对应的推广渠道不同。所以，我们要根据客户群体来找合适的推广渠道。

渠道和平台有很多，关键是如何找到精准的目标客户。而最直接、最有效的办法是利用和产品或行业相关的关键词来搜索目标客户。例如，我是做在线教育的，推广的产品是自媒体培训课程，那么就可以在 QQ 中搜索"自媒体"等关键词，查找相关的 QQ 群，加入群聊即可。

找到渠道之后，我们还需要验证不同渠道推广的效果和同一渠道不同文案的推广效果，找出效果最好的流程方案，然后作为可执行的标准和规范。掌握这样的方法，不仅可以减少很多不必要的时间，而且效果也很好。

1.1.4　易于分享，要点在哪

有时候，我们写的干货文案转发量很少，细究其原因，不一定是内容不够优质，很有可能是受众的一种自我保护心理在作祟。因为真正好的东西，人们是不太愿意和别人分享的，每个人竞争力的高低取决于各人所掌握的信息不对等，即所谓的信息差。

　　所以，好的干货内容可分为两种，即易于分享的干货内容和不易于分享的干货内容。下面我们先来看看易于分享的干货内容有哪些，如图 1-5 所示。

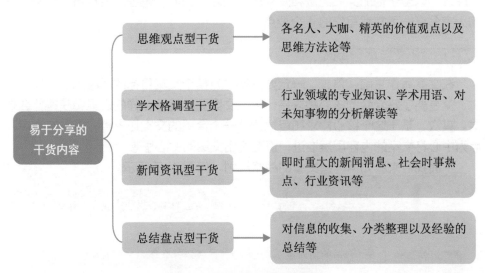

图 1-5　易于分享的干货内容

1.1.5　不易分享，问题在哪

　　前面介绍了易于分享的干货内容，下面笔者就来介绍不易于分享的干货内容的问题有哪些，如图 1-6 所示。

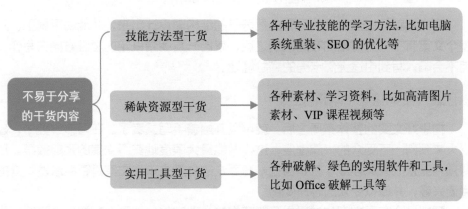

图 1-6　不易于分享的干货内容

1.2 编写文案，4 大经验

有的文案写作人员，虽然写过很多类型的文案，文字能力也非常强，但是写出来的文案往往泛泛而谈，没有明确的观点和中心思想，让人看不出他究竟想表达什么，以至于他的文案无法和受众产生共鸣。因此，笔者结合自身的经验，来和大家分享一下文案写作的 4 个要点。

1.2.1 构建文案，战略规划

在文案写作之前，首先，一定要先做好对整个文案目标的战略规划，通俗点讲，就是要了解受众的核心需求是什么，文案要实现什么样的目标和获得什么效果。其次，基于这个核心需求和目标选择一个合适的文案切入点，再以这个切入点为中心将文案的内容层层推进，直至亮出文案的中心思想。

下面我们来看如何构建文案的战略规划，如图 1-7 所示。

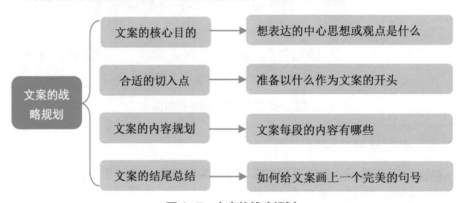

图 1-7　文案的战略规划

写文案就好比盖房子，只有先把房子的结构图设计出来，才能动手施工。对整个文案有了一个清晰的布局规划之后，就能一直朝着既定的思维方向去写作，而不会陷入写到中途突然卡壳的尴尬境地。

1.2.2 预判读者，预期效果

构思好文案的整体布局之后，就可以开始着手写文案了。在写作过程中，建议大家预判一下受众的兴趣程度，这样做能最大限度地获得文案的预期效果。所谓预判受众的兴趣程度，就是自己站在受众的角度来审视文案是否能激发受众的阅读兴趣，并模拟受众的心理变化。

预判受众在看文案的过程中可能产生的心理变化，把受众在阅读中可能产生的问题或疑问，用文字巧妙地将答案融入文案中，这样，受众就会觉得这篇文案的内容质量非常高，从而获得文案的预期效果。那么，预判受众的心理变化包括哪几个方面呢？如图 1-8 所示。

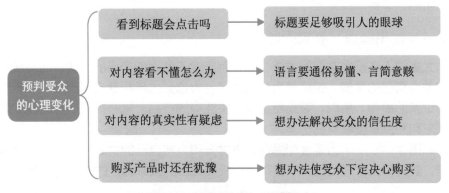

图 1-8　预判受众的心理变化

把握受众的心理是文案写作必不可少的一项基本技能，只有站在受众的角度来思考问题，才能抓住受众的核心需求，展现给受众真正想看的内容，提高内容的优质程度，最终获得文案的预期效果。

1.2.3　把握节奏，提升阅读

文案的节奏感和逻辑性决定了受众的阅读体验感，在文案写作的过程中把握好节奏感，能让受众更顺畅地阅读。那么，文案的节奏感该如何把握呢？如图 1-9 所示。

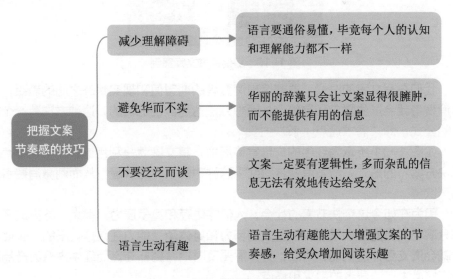

图 1-9　把握文案节奏感的技巧

检验文案是否有节奏感的方法，就是文案写完之后，自己大声地朗读一遍，在朗读的过程中，如果有不通顺和不舒服的地方，那就说明你的文案内容还是存在缺陷的，节奏感没把握好。

1.2.4 找出痛点，解决问题

大多数人在撰写文案的时候，都特别喜欢不断强调产品的价值，而消费者往往只关心自己的事情，也就是为什么要买，大部分人压根就懒得改变，也不愿意去尝试新的事物。所以，如果希望别人关注你的产品，就必须把产品和他们切身的需求和利益紧密联系在一起。

如图 1-10 所示为某公司提倡读书提升和充实自己的文案，对于大多数看似忙碌，其实每天得过且过、不肯花时间投资自己的人来说，的确敲响了警钟。

图 1-10 提倡读书文案案例

我们在写文案的时候，要制造出消费者的期望值和现实状态之间的差距，这样消费者就会产生需求和欲望，从而想办法达到自己的目的，这种方法有一个标准的公式，即"需求痛点 + 解决方案"。

如图 1-11 所示为红牛的广告宣传海报，其文案就是利用这种"需求痛点 + 解决方案"的形式，激发消费者对红牛这种功能饮料的兴趣，从而刺激消费者的购买欲望。

因为在如今这个快节奏的社会，人们的生存和竞争压力都很大，熬夜成了一部分职场人士的生活常态，但是人的精力和身体承受能力往往是有限的，长此以往就会透支身体的机能，所以，身体需要及时地得到补充，而红牛主打的产品卖点正好戳中了消费者的需求和痛点。

图1-11 红牛饮料的广告海报

随着移动电话的全面普及和互联网的发展，手机已经成为人们生活中不可缺少的工具，而且每天使用手机的时间也越来越长，这就导致手机的耗电速度加快。同时，科技的不断进步促使手机充电的效率也不断提高。所以，OPPO手机针对这一现状，打出的产品文案卖点就是"充电5分钟，通话2小时"，如图1-12所示。

图1-12 OPPO手机广告文案

某位名人说过一句话："没有商品这样的东西。顾客真正购买的不是商品，而是解决问题的办法。"同样，好的文案撰写者不在于有多少写作技巧，而在于懂得从消费者需求的角度出发，给他们提供很好的解决方案，解决他们的实际问题。

1.3 写作建议，提高效率

在笔者看来，文案写作的过程其实就是把自己所要表达的想法、观点以及信息，完整准确地传播给受众。因此，笔者在这里想跟大家分享自己写文案的一些技巧和经验，希望能对大家有所裨益。

1.3.1 细化目标，明确方向

首先，写作前就要知道文案想要实现的目标是什么，以及想要传播给受众的信息是什么，因为只有先弄清楚这两点，你才知道接下来文案该写哪些内容、核心主旨是什么。

要想实现文案的预期目标，就得先确定好文案的主题方向，例如，文案的主题是"如何做好自媒体运营"，接下来就是进一步垂直细分目标，是教别人做图文，还是教别人做短视频；是教别人纯原创，还是教别人伪原创；是教别人做好今日头条，还是教别人做抖音直播等，方向越小越细分，文案的目标越清晰。

最后，目标一旦确认，文案所有的内容都要以这个目标为核心来布局，所有的方法、案例、配图、数据、排版都要为更好地实现目标而服务，不论你的写作风格是什么，都是为了让受众明白你想表达的中心思想。

1.3.2 罗列大纲，强化逻辑

对于刚开始写文案的小白来说，很容易出现的一个问题是不知道自己写的是什么东西，这里写一点，那里写一点，写出来的东西东拼西凑，看上去杂乱无章，漫无目的。对此，笔者建议大家一定要养成罗列提纲的习惯。

所谓罗列提纲，就是提前将文案的每段内容用精练的语言提炼出来，并在脑海中构思文案的整个内容大纲，搭建好文案的结构框架。具体操作方法就是把一篇要写的文案围绕主题拆分成不同的部分，确定每个部分要写的核心内容是什么，然后再把每部分的内容拆分成几个要点，这要一层一层地分级，最后就可以具体到一个很清晰很细小的切入点，每一部分都有相对应的内容，整篇文案会显得逻辑性非常强，就不会存在跑题的问题了，而且，还会大大加快你的写作速度。

只要坚持这个写作习惯，久而久之，在写文案时，脑海里就会自动浮现出文案的内容大纲，这就意味着你的逻辑思维能力已经达到了一个很高的水平和层次。

这个方法非常适合那些灵感一来，即兴创作的人，一旦投入，根本停不下来，他不可能有时间列完提纲再写，所以，可以把大脑里突然想到的东西或灵感马上写下来，列成提纲，虽然可能只有那么几十个字，但是只要有时间，马上就能变成千字以上的文章。

1.3.3 塑造人设，形成特色

现在，很多人写文案都强调要有自己独特的风格和个性，这样更容易触动受众的心灵，和他们产生情感共鸣。长期输出自己的人生观、价值观和思想主张就是强调自己特色风格与个性。笔者就很喜欢蕊希的情感电台节目，她的内容观点鲜明、语言质朴、价值观正面积极，一下子就能抓住受众的心。下面是蕊希公众号文章内容的展示，如图 1-13 所示。

图 1-13　蕊希公众号文章

由此可见，文案写作人员可以通过文案的文字来塑造自己的标签和人设，这一点也是所有文案写作人员一直在做的。那么，怎样通过文字来塑造人设呢？如果你塑造的是一个"忧郁小生"人设，那你的文字风格应该是多愁善感的；如果你塑造的是一个"行业精英"人设，那你的文字风格应该是专业规范的；如果你塑造的是一个"相声演员"人设，那你的文字风格应该是幽默风趣的。

每个人的性格、说话方式、行为习惯都不一样，所以文字风格肯定也各不相同，正因为如此，又有助于我们写的文案形成自己独特的人格魅力，当然，文案人格化不是短时间就能形成的，这是一个持续输出、影响的过程。

1.3.4 精确表达，通俗易懂

文案应该帮助受众更轻松、更方便地了解作者的想法。因此，你传递给受众的信息必须是通俗易懂、简洁明了的。

所以，笔者给大家的建议是：不要使文案变得生涩难懂，内容直截了当就好，不要绕弯子让受众去猜，也不要为了让自己的文案变得高端大气上档次，而使用那些专业术语和华而不实的辞藻，这样做只会导致喧宾夺主、本末倒置。

那么，如何增强文案的可读性，减少受众的理解难度呢？笔者给大家提供了一些技巧，如图 1-14 所示。

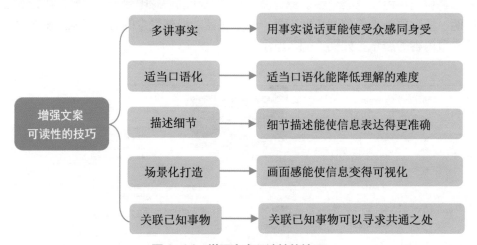

图 1-14 增强文案可读性的技巧

另外，在笔者看来，写文案还有一个作用，就是帮助一部分人说出他们自己潜意识里的一些想法和观点，道出了他们的心声。文案的市场需求是巨大的，所以，我们可以通过文字来影响其他人，并且与受众产生共鸣。

第 2 章

市场调研，确定方向

想要写好文案，就一定要学会市场调研和定位的方法。只有准确地了解了产品、内容、用户和平台之后，才能更好地把握写作方向。本章将主要讲述文案的市场调研和定位的方法，学完之后会让你的思路更加开阔。

2.1 市场调研，掌握方向

常言道："没有调查就没有发言权。"调研的重要性不言而喻。如果想让文案在一字千金的同时妙笔生花，那么调研是必不可少的，这是保证文案撰写方向正确和内容精准的前提。只有经过了调研，才能预测平台推荐的文案是否能准确地推送到目标用户群体中，并最终达到预期的目的。在进行调研之前，文案创作者首先需要了解市场调研的含义、作用和方法。

2.1.1 分析因素，适应市场

市场之所以有调研的必要是有其客观因素的，市场基于两个方面的原因总处于瞬息万变的状态之中，如图 2-1 所示。

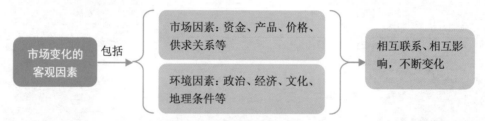

图 2-1　市场变化的因素分析

正是因为市场的客观因素，行情的调研是任何处于市场环境中的商业模式所必须进行的环节。在互联网不断发展的社会环境下，企业产品或品牌文案的内容构建和效果实现，也必须适应市场的变化，并进行广泛的市场调研，只有这样才能获得最佳效果，如图 2-2 所示。

图 2-2　最佳效果的文案撰写分析

综上所述，所谓市场调研就是为了达到营销目的而对营销信息进行的分析、甄别工作。关于市场调研的含义，如图 2-3 所示。

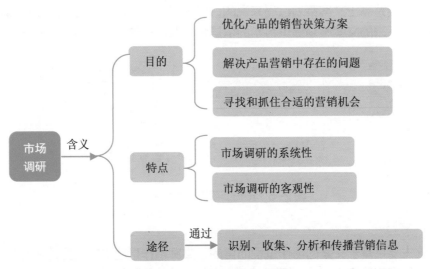

图 2-3　市场调研的含义分析

2.1.2　全面了解，调研作用

市场调研作为市场预测和经营决策过程中的重要环节，一直占据着举足轻重的地位，它是运营者进行营销策划和运作的基础，对企业产品和品牌的推广具有非常重要的作用。市场调研所具有的重要作用可从广义和狭义两个方面进行分析，如图 2-4 所示。

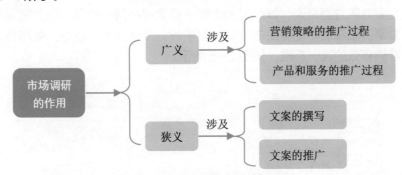

图 2-4　市场调研的作用分析

由图 2-4 可知，从广义角度来说，市场调研所得出的结果作为参考标准始终贯穿于整个营销策略以及产品和服务的推广过程；从狭义角度来说，市场调研在文案营销中的作用直接体现在文案的撰写和推广过程中，就其狭义的作用而言，主要表现在 3 个方面，具体如下所述。

1. 参考依据

这主要是基于文案策划过程来说的,市场调研作为文案营销过程的开端阶段,能够为接下来的文案策划提供科学的依据和富有价值的参考信息,如图2-5所示。

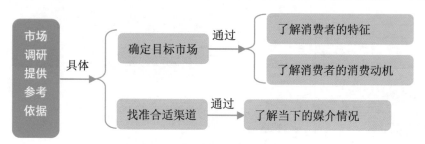

图2-5 市场调研提供的参考依据

2. 素材库

这主要是基于文案的创作过程而言的,文案创作是建立在大量的素材基础之上的,只有积累了丰富的生活素材,文案创作者才能更快地找到灵感,创作出更加具有创意的文案作品,而生活素材的获得必须深入社会实践。市场调研的广泛性、系统性和客观性决定了所获得的信息是最好的生活素材,能够为文案创作者的创意提供源源不断的灵感。

3. 评估标准

这主要是基于文案效果测定的基础,文案营销效果的实现是撰写和推广文案的最终目的,也是企业、商家和平台运营者最关心的问题。

从文案效果方面来说,其效果的考查主要表现在两个阶段,即文案发布之前的效果预测阶段和发布结束后的效果检验阶段,而这两个阶段是评估市场调研信息是否准确有效的唯一标准,如图2-6所示。

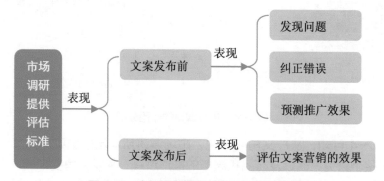

图2-6 市场调研提供的效果预测与评估

2.1.3　抽样调查，省时省力

抽样调查就是在整体中抽取一部分样本进行调查，然后通过推算得出结果的一种调查方法。这种市场调研方法可分为随机抽样调查和非随机抽样调查，具体内容如下所述。

1. 随机抽样调查

这一调查方法也可称为概率抽样调查，是在整体中以随机的方式抽取一部分样本来进行调查，如图 2-7 所示。

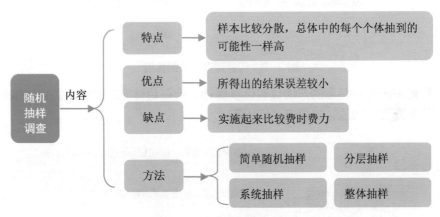

图 2-7　随机抽样调查分析

2. 非随机抽样调查

这一调查方法是在不遵循随机原则的前提下，在总体中按照调查人员的主观判断或其他条件抽取部分样本而进行的调查，具体介绍如图 2-8 所示。

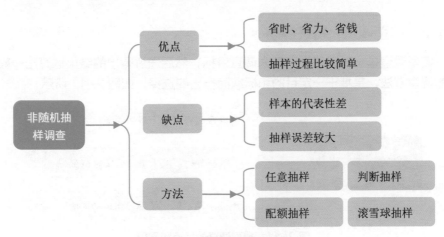

图 2-8　非随机抽样调查分析

2.1.4 问卷调查，循序渐进

问卷调查就是调查人员采用问卷形式而进行的一种切实可行的调查方法，以便将被调查者的问卷答案作为信息资料使用，它具有 3 个方面的优势，如图 2-9 所示。

图 2-9 问卷调查方法的优势

尽管采用问卷调查的方法具有诸多优势，但在具体实施过程中，还应该注意以下几个方面的问题，如图 2-10 所示。

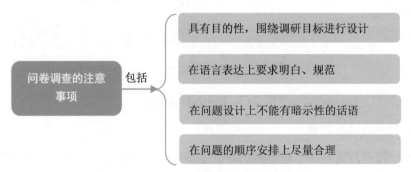

图 2-10 问卷调查的注意事项

2.1.5 典型调查，特征鲜明

典型调查是一种以典型对象为调查目标，然后通过得出的结果推算出一般结果的调查方法，是基于一定目的和标准而作出的选择，如图 2-11 所示。

图 2-11 典型调查的特点和作用

典型调查方法有一个需要特别注意的问题，那就是要重点把握好调查对象的典型程度，典型程度把握得越好，调查结果也就越符合实际，所产生的误差也就越小。当然，这种具有突出特点和作用的调查方法也具有极大的优势，具体内容如图2-12所示。

图2-12　典型调查的优势

2.1.6　全面调查，广泛精准

全面调查与其他调查方法的不同之处在于"全面"二字，要求的是全面性的普查式调查，其调查结果最突出的特点是全面而精准，因此，对于市场营销者而言，全面调查的对象是产品的所有消费者群体。它主要可分为两种类型，如图2-13所示。

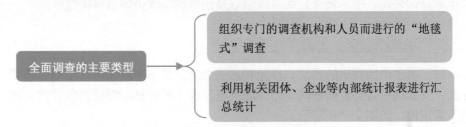

图2-13　全面调查的主要类型

2.1.7　访问调查，资料收集

访问调查就是对被调查者进行直接询问而收集资料的方法，具体方法如图2-14所示。

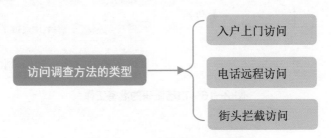

图2-14　访问调查方法的类型

在图 2-14 所示的 3 种访问调查方法中，其具体特点分别如图 2-15 所示。

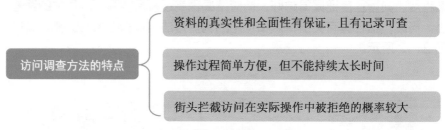

图 2-15　访问调查方法的特点

2.1.8　文献调查，获取资料

随着移动互联网技术的飞速发展，在文案营销中使用文献调查的方法越来越简便，特别是在大数据技术飞速发展的条件下，企业可以很容易地获取大量用户、消费者的资料和信息，这种调查方法的应用也就变得越来越广泛和普及。

其中，文献资料的来源主要包括两种——企业内部资料和其他外部资料。企业内部资料是企业自身所具有的客户资料、以往销售服务记录等；其他外部资料是信息咨询公司、市场调查公司、网络以及出版物等提供的资料和信息。

2.2　明确对象，做好定位

在了解了市场调研的含义、作用和方法之后，接下来就是进行市场调研了，在此，文案撰写者需要做好两个方面的准备工作，即对外的调研对象确定和对内的运营定位，如图 2-16 所示。

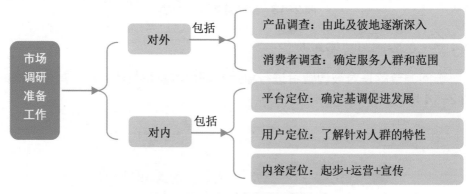

图 2-16　市场调研的准备工作

2.2.1　产品调查，逐渐深入

调查销售的产品是市场调研的重要组成部分，关于产品的调查，其具体内容如图 2-17 所示。

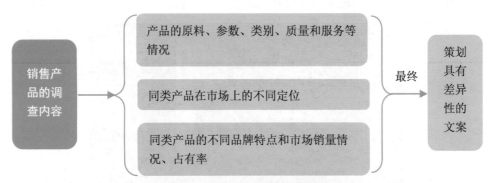

图 2-17　销售产品调查的内容分析

在对销售产品进行调查时，需要先从自家产品上下功夫，然后再与市场上的其他同类产品进行对比，才能获得最佳的调查效果。下面重点介绍对自家产品的调查内容，如图 2-18 所示。

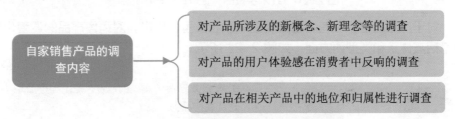

图 2-18　自家销售产品的调查内容分析

通俗地说，产品样品的新概念检测就是所谓的回访过程，从具体涉及的内容来说，它包括消费者对产品的喜爱程度和售后问题等。从文案营销的方面来说，对新概念的检测是其营销理念是否继续坚持的判断依据，如图 2-19 所示。

图 2-19　产品样品的新概念检测

2011 年，小米手机的横空出世给鱼龙混杂的手机圈带来了一股"龙卷风"，它终结了山寨机在国内市场"横行霸道"的时代，凭借"极致性价比"的产品理念和线上销售的商业模式快速获得广大"米粉"的喜爱。下面是小米的子品牌红米手机的产品介绍，如图 2-20 所示。

图 2-20　红米手机的"性价比"产品介绍

对于产品而言，总有着它所属的体系和类型，所以，对销售产品的调查也应该包括其体系和类型两方面，如图 2-21 所示。

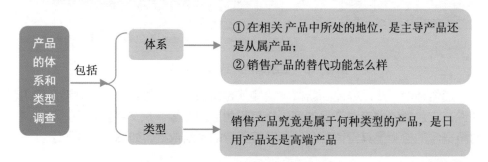

图 2-21　产品的体系和类型调查分析

只有在保证了产品体系和类型调查结果准确的前提下，才能使产品的文案策划和设计更具有目标性和针对性，从而为产品营销的推进提供更好的帮助，获得文案运营者想要的效果。

2.2.2　客户调查，确定范围

从理论上来说，对销售产品而言，每一个人都有可能是消费者，但在实际应用中，它应该有一个特定的产品服务人群和范围，这些特定的服务人群就是该产品的目标消费者。而目标消费者的确定，需要进行深入的市场调研才能得出准确的结果。针对目标消费者的调查，主要包括两个方面的问题，一方面是从目标消费者对产品的印象进行调查，另一方面是从目标消费者自身的消费行为进行调查。

1. 从目标消费者对产品的印象进行调查

目标消费者对产品的印象，主要包括其对产品的了解度、好感度和具体看法等，这是由产品的客观质量和主观质量决定的。其中，产品的客观质量是产品本身所具有的属性，而主观质量通俗地说就是指用户体验感。所以，在此主要介绍产品的主观质量对消费者印象的影响，如图 2-22 所示。

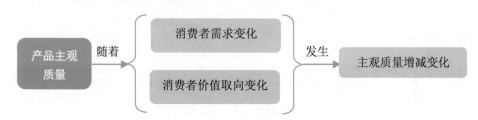

图 2-22　消费者主观质量的变化情况

2. 从目标消费者自身的消费行为进行调查

对于目标消费者自身的消费行为方面的调查，主要应该从 3 个方面着手，如图 2-23 所示。

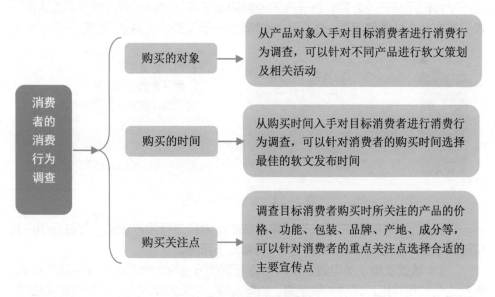

图 2-23　消费行为调查分析

2.2.3 平台定位，确定基调

在文案策划中，需要确定的问题是文案所发布的平台是一个什么类型的平台，并以此来决定文案的基调。文案的基调主要包括学术型、恶搞型、创意型、媒体型和服务型5种类型。

在做好平台定位后，应该根据文案的类型风格选择具有不同优势和特点的平台类型，如图2-24所示。

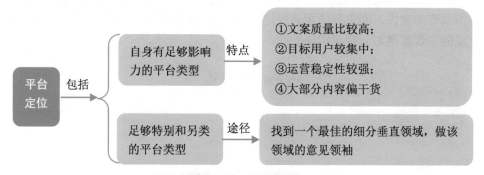

图2-24　平台定位

2.2.4 用户定位，了解特性

在文案策划的营销活动中，确定精准的目标用户是其中很重要的一环。而在进行平台的用户定位之前，首先应该要做的是了解平台具体针对的是哪些人群，他们具有什么特性等问题。关于用户的特性，一般可细分为两类，如图2-25所示。

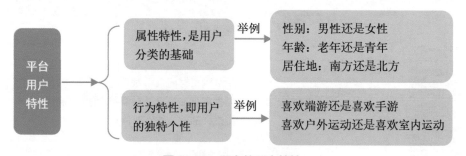

图2-25　平台的用户特性

在了解了用户特性之后，接下来要做的是怎样进行用户定位，在进行用户定位过程中，一般包括3个步骤，具体内容如下所述。

（1）数据收集。可以通过多种市场调研的方法来收集和整理平台用户数据，再把这些数据与用户属性关联起来，如年龄段、收入和地域等，绘制成相关图谱，就能够大致了解用户的基本属性特征。

安兔兔发布了 2019 年第一季度全球手机用户偏好榜，涉及屏幕尺寸、系统版本、CPU 核心数据、内存等多方面的数据统计。如图 2-26 所示为手机存储容量不同大小的用户占有率分布图。

图 2-26　用户手机存储容量分布

（2）用户标签。获取了用户的基本数据和属性特征后，就可以对其属性和行为进行简单分类，并进一步对用户进行标注，确定用户的购买欲望和活跃度等，以便在制作用户画像过程中对号入座。

（3）用户画像。利用上述内容中的用户属性标签，从中抽取典型特征，完成用户的虚拟画像，构成平台用户的各类角色，以便进行用户细分。

2.2.5　内容定位，展现特色

内容定位即文案能够提供给用户什么样的内容和价值。在文案写作中，关于内容定位主要应该做好 3 个方面的工作，具体如下所述。

1. 找准发展方向

找准内容的发展方向是文案内容定位初期的工作，是做好内容定位的前提，如图 2-27 所示。

2. 了解展示和整合方式

在内容定位中，还应该知道运营阶段的内容展示方式。在打造优质内容的前提下，更好地展示文案内容，逐步建立品牌效应，是实现文案营销目标的重要条件。文案内容的展示方式一般可分为 3 种，如图 2-28 所示。

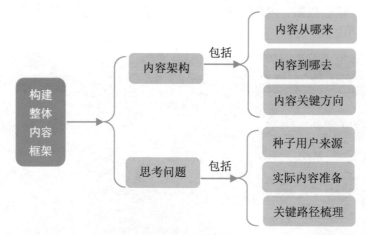

图 2-27　明确内容的发展方向

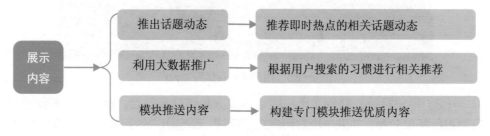

图 2-28　优质内容的展示方式

在内容展示过后，接下来要知道内容的整合方式，具体有以下 3 种，如图 2-29 所示。

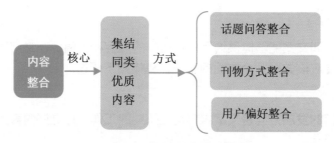

图 2-29　明确内容的整合方式

3. 确定互动方式

除了应做好初始阶段和运营阶段的内容定位外，还应该确定宣传阶段的内容定位，即怎样进行文案内容互动。在确定内容互动方式的过程中，需要把握以下几个关键点，如图 2-30 所示。

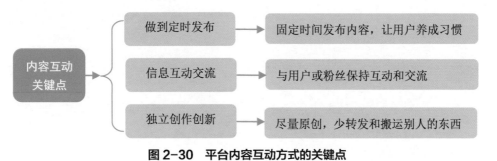

图 2-30　平台内容互动方式的关键点

第 3 章

内容布局，表现技巧

对于文案策划和写作者而言，最重要的还是文案内容的生成，也就是怎样打造差异化内容，进而赢得用户关注。针对这一问题，本章将从内容形式、布局方式和表现技巧等方面进行论述。

3.1 文案内容，4 个要求

文案是商业宣传中较为重要的一个环节，从其作用来看，优秀的文案具有强烈的感染力，能够给商家带来数倍的收益和价值。从文案写作的角度出发，具体文案内容的文字感染力其来源主要可分为 4 个方面，如图 3-1 所示。

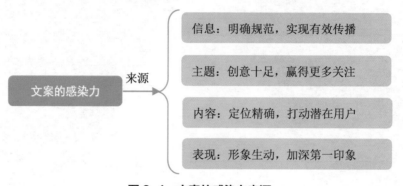

图 3-1　文案的感染力来源

3.1.1 明确规范，有效传播

随着互联网技术的发展，每天更新的信息量是十分惊人的。"信息爆炸"的说法就来源于信息的增长速度，对于文案创作者而言，要想让文案被大众认可，能够在庞大的信息量中脱颖而出，那么首先需要的就是准确性和规范性。

在实际应用中，准确性和规范性是文案写作的基本要求，具体的内容分析如图 3-2 所示。

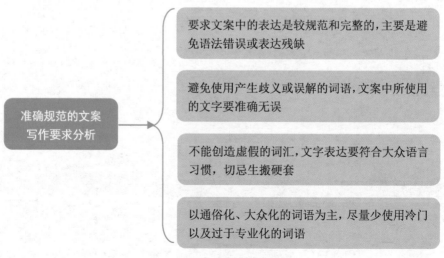

图 3-2　文案写作要求分析

3.1.2　创意十足，赢得关注

创意对于任何行业的文案策划都十分重要，尤其是在信息传播极其发达的互联网中，自主创新的内容能够让人耳目一新，进而获得更多的关注。如图 3-3 所示为将生活的常态与酒联系起来的文案。

图 3-3　创意十足的文案

在竞争压力异常激烈的当代社会里，人们每天必须努力工作，并面对各种困难险阻，这就是大多数普通人的现状。所以，针对这一情况，文案非常自然地将产品与人们的需求结合起来，直击受众的心灵深处，暗示人们，生活虽然不易，但酒是缓解压力绝佳的东西。

创意是为文案主题服务的，所以文案中的创意必须与主题直接相关，创意不能生搬硬套，牵强附会。在常见的优秀案例中，文字和图片的双重创意往往比单一的创意更能打动人心。具体案例如图 3-4 所示。

图 3-4　双重创意文案

文案的创意在于将图片的视觉效果和文案内容相结合，图片背景为农夫山泉的运输车在美丽的大自然中缓缓驶过的情景，再用"我们只是大自然的搬运工"这句话进行解说宣传，使文案显得非常形象生动，妙不可言。

对于正在创作中的文案而言，要想突出文案的特点，就必须在保持创新的前提下，通过多种方式打造文案本身，如图 3-5 所示。

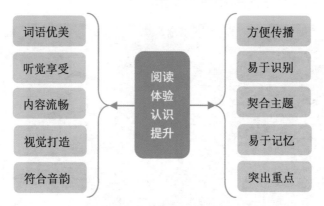

图 3-5　文案要求的各种方面

3.1.3　定位精确，打动用户

精准定位同样属于文案的基本要求之一，每一个成功的广告文案都具备这一特点。图 3-6 所示为魅族手机 note9 的产品宣传文案。

图 3-6　魅族手机 note9 的产品宣传文案

魅族手机 note9 的主打功能为拍照和游戏性能，所以，其产品的宣传文案内容为"吃鸡不卡　拍她更美"，做到了产品的特点与文案内容的精准定位。

精准的内容定位不仅能够让产品更好地被受众群体所接受，还能让潜在用户也被相关的信息所打动。对文案编辑而言，要想为文案精准定位，可从以下 4 个方面入手，如图 3-7 所示。

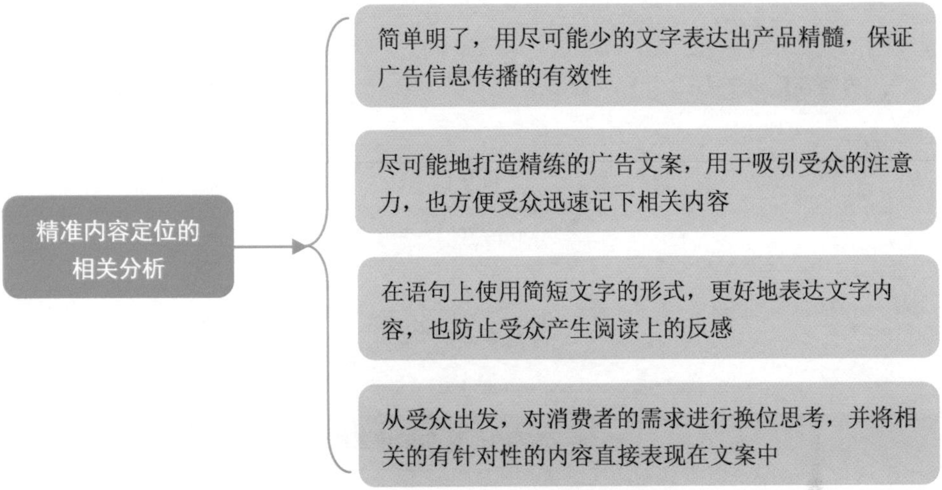

精准内容定位的相关分析
简单明了，用尽可能少的文字表达出产品精髓，保证广告信息传播的有效性
尽可能地打造精练的广告文案，用于吸引受众的注意力，也方便受众迅速记下相关内容
在语句上使用简短文字的形式，更好地表达文字内容，也防止受众产生阅读上的反感
从受众出发，对消费者的需求进行换位思考，并将相关的有针对性的内容直接表现在文案中

图 3-7　精准内容定位的相关分析

3.1.4　形象生动，加深印象

形象生动、非常有画面感的文案会加深读者的第一印象，读者看一眼就会记住。如图 3-8 所示为飞利浦剃须刀的广告文案。

飞利浦 #甄选好礼,心意合一#
做人就像剃须
进退都得要拿捏好分寸
PHILIPS
快速剃须

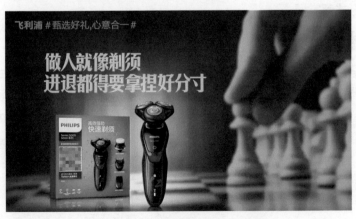

图 3-8　飞利浦剃须刀的广告文案

对于文案编辑而言，每一个优秀的文案在最初都只是一张白纸，需要创作者不断地添加内容，才能够最终成型。要想更有效地完成任务，就需要对相关的工作内容有一个完整认识，如图 3-9 所示。

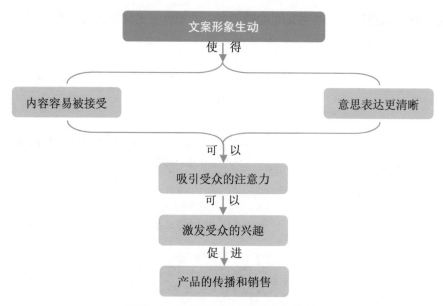

图 3-9　生动形象的文案的作用分析

3.2　布局内容，赢得关注

文案策划人员在撰写文案的时候，文案内容的表现形式可以是多样的，而且这些形式都拥有独属于自己的特色，是其他形式所不可比拟的。因此，文案人员要将每种形式都掌握。

3.2.1　图文结合，各有千秋

图文结合，顾名思义，就是把图片和文字结合起来展示的一种形式。很多文章都采用图文结合的方式来传达正文内容，这种形式最为常见，也比较实用。那么，在打造这样的内容形式时，应该掌握哪些要点呢？如图 3-10 所示。

图 3-10　打造图文结合式文案的要点

图文结合式文案可分两种呈现形式，一种是单张图片，另一种是多张图片，两种形式传达出来的效果各有千秋，下面将具体进行论述。

1. 单张图片，突出重点

如果平台发布的文案标题下面只有一张封面图片，那么，点击进去看见的是一张图片配一篇文字的形式，如图 3-11 所示。

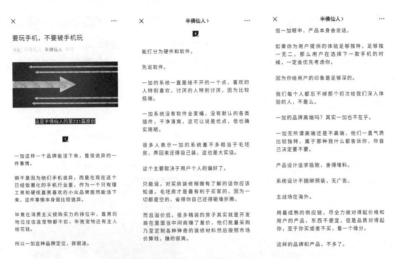

图 3-11　单张图片的图文结合式文案

2. 多张图片，图文相间

如果平台发布的文案有多张封面图片，点开文案，看见的就是一篇文章中配多张图片的形式，如图 3-12 所示。

图 3-12　多张图片的图文结合式文案

多张图片的形式适用于展示产品、风景以及人物等内容，一张图片配一段文字，可以对图片中的内容进行介绍和讲解，让受众看得更清楚、更明白。当然，图文结合式文案也要注意排版的合理性，包括文字、图片的大小以及段落的长短。

3.2.2 视频效果，吸引眼球

视频形式的文案是指各大商家可以把自己要宣传的产品卖点拍摄成视频，发送给广大用户粉丝。它是当下一种热门的营销文案内容形式。

相比文字和图片，视频更具有视觉冲击和吸引力，能在第一时间快速地抓住受众的眼球，从而获得理想的宣传效果。以"人人钢琴网"公众号为例，它每天都会为粉丝推送视频，如图3-13所示。

图3-13 "人人钢琴网"公众号的内容页面

3.2.3 故事形式，打动读者

故事形式的文案内容是一种容易被用户接受的软文布局形式。一篇好的故事内容，很容易让读者记忆深刻，拉近品牌与用户之间的距离，生动的故事容易让读者产生强烈的代入感，对故事中的情节和人物也会产生情感共鸣。

对于文案策划编辑来说，如何打造一篇完美的故事文案呢？首先，需要确定产品的特色，将产品关键词提炼出来，然后将产品关键词放到故事线索中，使之贯穿全文，让受众看完之后印象深刻。同时，故事类的内容写作最好满足以下两点要求，如图3-14所示。

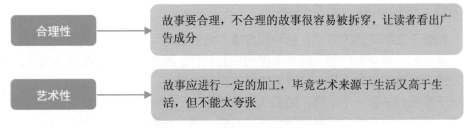

图 3-14 故事类文案需要满足的要求

3.2.4 总分总式，完整明确

软文营销的内容运用"总分总"式的布局，往往需要作者在文章的开篇就点题，然后在主干部分将中心论点分成几个横向展开的分论点，最后在结论部分加以归纳、总结和必要的引申。下面介绍其内容的写作形式，如图 3-15 所示。

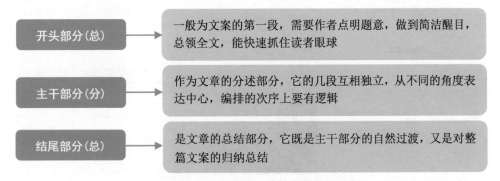

图 3-15 "总分总"式软文的写作方式

下面我们来看一个案例，如图 3-16 所示为一篇总分总式布局的文案。

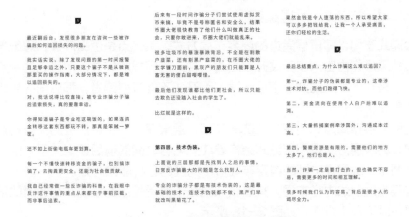

图 3-16 总分总式布局的文案

3.2.5　模拟问答，解决疑惑

相较于文字陈述的方式，那种双方或多方对话的问答方式更加容易理解和阅读，更有利于解决用户的问题并赢得用户的信任。因此，在文案撰写过程中，问答式的文案撰写方式也是一种效果较好的创意构思。

下面我们来看一个案例，如图 3-17 所示为"长投学堂"公众号的一篇宣传文案，标题和内容都采用提问和回答的方式，详细介绍了"长投学堂"这个理财在线教育机构的前世今生，既起到了品牌宣传的作用，又解决了客户对机构的信任问题，可谓一举两得。

图 3-17　问答式文案

3.2.6　层递布局，严谨缜密

层递式布局，即层层递进的内容布局方式，其优点是逻辑严谨，思维严密，按照某种顺序将内容一步步展开，给人一种一气呵成的感觉。但是它的缺点也很明显，就是对于主题的突出不够迅速，若开头不能吸引读者，那后面的内容也就没什么意义了。

这种内容布局形式适合论证式的文案，层层深入、步步推进的论证格局能够增加软文的表现力。运用层递式结构要注意内容之间的前后逻辑关系，绝不可随意颠倒顺序，层层递进型的内容布局对于问题的分析非常有效。

层层递进型的内容布局，其着重点就在于层递关系的呈现。论述时的层递主要表现在以下几个方面，如图 3-18 所示。

如图 3-19 所示为"外贸成长笔记"公众号推送的一篇论述"RTS、规格品和普通产品的区别"的文案，从"规格化产品是什么"到"发布规格化商品的指导"再到"如何区分规格化商品和普通产品"等，内容层层深入，逻辑语言通顺，正是层递式文案的规范。

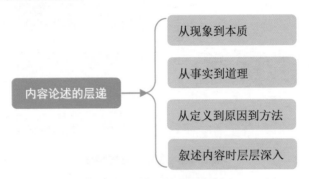

图 3-18　层层递进布局分析

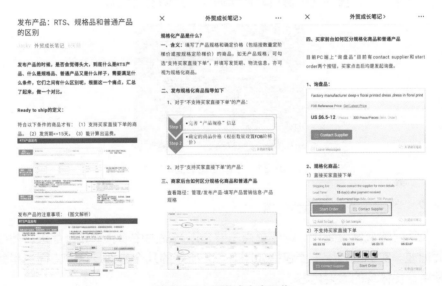

图 3-19　层递式文案写作

3.3　表现技巧，写作要求

文案策划编辑要想利用不同类型的文案向用户呈现最佳的阅读效果，就要对各类文案的特征和写作要求有所了解。本节将介绍 7 种不同文案的特征和写作技巧。

3.3.1 促销文案，醒目耀眼

促销文案是文案中比较常用的一种，在各大电商网站的首页上都能看到，如图 3-20 所示为促销文案的几个特征。

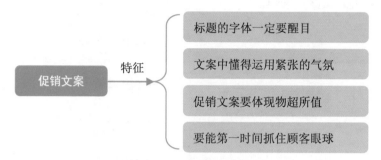

图 3-20 促销文案的特征

如图 3-21 所示为华硕商城笔记本电脑促销的活动文案，活动信息和优惠信息运用大号的字体显得比较醒目，从而增强了对消费者的吸引力。

图 3-21 华硕商城的促销文案

3.3.2 新品文案，打造卖点

在新品的文案策划中，创作重点主要是以产品为中心，通过产品进行内容的全面把握。实际的内容主要包括如图 3-22 所示的几个方面，这些方面也是新品文案中直接体现的重要内容。

图 3-22 新品文案的主要内容

而很多新品推出之时，都是以产品的卖点为主，依靠卖点塑造价值，以吸引消费者的注意力。如图 3-23 所示为苹果公司推出的新款 SE 手机的官网预售页面，从"称心称手，超值入手"的新品文案中可以看出，此款苹果 SE 手机二代的卖点主要有小尺寸、轻薄、性价比极高。

图 3-23　苹果 SE 手机二代的新品文案

3.3.3　节日文案，营造氛围

对于商家和企业而言，节假日是少有的能够吸引大量消费者的时期，在这一时间段开展相关活动往往能够起到事半功倍的作用，所以，文案的作用也就更加突出，节日活动文案的作用分析有以下几点，如图 3-24 所示。

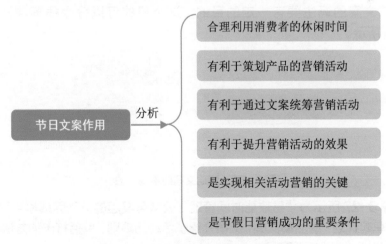

图 3-24　节假日活动文案的作用分析

节日文案相对于其他文案而言，会增添一些喜庆的色彩，营造浓厚的节日气氛，如中秋节会围绕"家庭、团圆、美好"等主题进行文案的设计，春节就会撰写比较热闹、温情的文案。总之，不同的节日文案会有不同的主题和风格，但总体而言离不开节日氛围的营造。

要想节日文案能够有效地吸引消费者购买产品，就需要把握消费者的心理，知道他们的需求是什么，然后再结合节日的特色和优惠信息进行文案的撰写。如图 3-25 所示为雀巢咖啡关于元宵节主题的文案设计。

图 3-25　雀巢咖啡的节日文案

3.3.4　活动文案，提升转化

活动文案的诞生要有一定的目的，这个目的可以分为很多种，具体如图 3-26 所示。

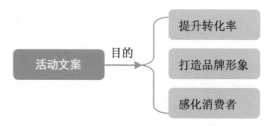

图 3-26　活动文案的不同目的

如图 3-27 所示为"易效能时间管理"公众号发起的关于养成早起习惯"朝夕 21 天早起计划"的活动文案，文案介绍了活动的规则，包括打卡的方法、时间、积分规则以及收集膜拜奖励等。

图 3-27　"朝夕 21 天早起计划"活动文案

3.3.5　个性文案，独特风格

　　文案撰写人员在撰写文案时，应结合不同行业的特点以及平台的用户群体特性选择适合的语言风格，打造文案的亮点，从而创作出具有独特风格的个性文案。独特的语言风格能给粉丝带来良好的阅读体验。

　　以"仙人 JUMP"公众号为例，该公众号的文案内容十分精彩，选题接地气，语言幽默风趣，再配上搞笑的表情包或图片，能给读者带来非常愉快的阅读体验，所以形成了独特的个性和特色，如图 3-28 所示。

图 3-28　风格独特的个性文案

3.3.6 主题文案，突出重点

在进行文案策划时，一定要明确主题，并要在表达上突出主题，让消费者直接知道你想要传达的信息。因此，一份好的主题文案需要符合以下几点要求，如图 3-29 所示。

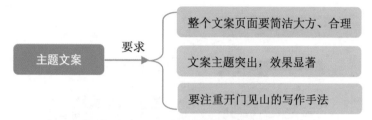

图 3-29　主题文案需要符合的要求

如图 3-30 所示为炒菜锅的产品功能介绍文案，文案内容重点突出了这款炒菜锅"不粘锅"的亮点，对消费者很有吸引力。

图 3-30　不粘锅营销文案

当然，在突出主题的时候还要注意一些事项，不然会造成内容布局的混乱，如图 3-31 所示。

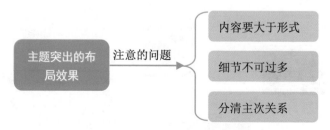

图 3-31　突出主题时注意的问题

3.3.7　预告文案，提前展示

对于好的内容，一定要提前进行预告，这就像每部电影上映前的宣传手段一样。通过提前预告的方式让用户对内容有一定的期待，是非常有效的一种推广运营方式。下面为大家介绍内容提前预告的几个注意事项，如图 3-32 所示。

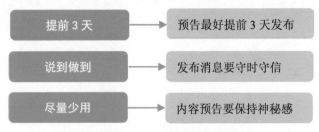

图 3-32　内容提前预告的注意事项

第 4 章

标题好坏，决定命运

　　提升文案的曝光率和打开率是获得更多浏览量的第一步，而标题的好坏则直接影响着文案的浏览量。本章内容将以提高标题打开率以及如何写好文案标题为核心，帮助大家了解并提升文案的浏览量，掌握标题的写作技巧。

4.1 3个关键，增加浏览

在现在的新媒体行业中，虽然内容消费的需求仍然在增长，但红利期和风口早已过去，内容创作的门槛和要求变得越来越高。所以，只有提高自己的内容质量，坚持不断地输出优质的原创内容，才能突破这个发展瓶颈。

优质的原创内容能大大增加文案、文章的浏览量和阅读量，打造爆款。那么，我们该如何提升文案的浏览量呢？以微信公众号平台为例，我们先来看文案阅读量的计算公式，如图4-1所示。

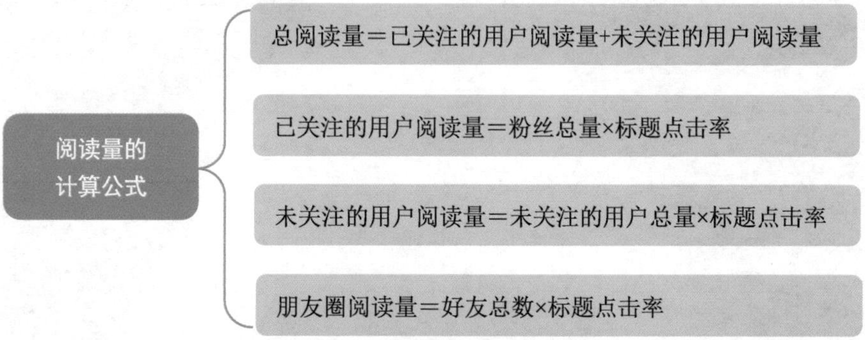

总阅读量＝已关注的用户阅读量+未关注的用户阅读量

阅读量的
计算公式

已关注的用户阅读量＝粉丝总量×标题点击率

未关注的用户阅读量＝未关注的用户总量×标题点击率

朋友圈阅读量＝好友总数×标题点击率

图4-1 文案阅读量的计算公式

由此可见，打造爆款文案的关键在于标题，而好的标题可以参考和借鉴其他爆文标题案例进行优化，这是短时间内快速提升文案阅读量的有效方法。除此之外，标题还有三个关键内容需要注意，一是标题的取名技巧，二是管理用户预期体验，三是促进用户分享。接下来笔者就从这三个方面来具体分析。

4.1.1 首要功能，提高流量

标题直接决定了文案的点击率，甚至分享率，打造爆文标题有很多种方法，比如制造悬念，激发读者的好奇心；利用数字描绘细节；抓住痛点需求，提供解决方案；强调稀缺性，营造紧迫感等。这样的标题作用很明显，那就是吸引眼球、刺激欲望、情感共鸣、引导行动等。

如图4-2所示为笔者结合自己的经验，总结出的一些标题写作技巧，这些方法如果运用得当，能大大提高标题的点击率和文案的阅读量，但如果只是纯粹地骗取流量，做标题党，打"擦边球"，而不去好好钻研内容创意，提升写作技巧，提供对受众有价值的信息的话，即便一时取得了效果，也只是昙花一现，时间一长，受众对你就会失去新鲜感和耐心。

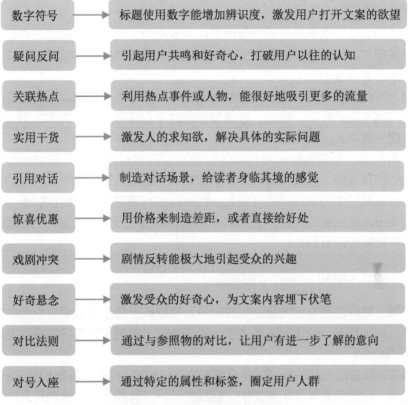

数字符号	标题使用数字能增加辨识度，激发用户打开文案的欲望
疑问反问	引起用户共鸣和好奇心，打破用户以往的认知
关联热点	利用热点事件或人物，能很好地吸引更多的流量
实用干货	激发人的求知欲，解决具体的实际问题
引用对话	制造对话场景，给读者身临其境的感觉
惊喜优惠	用价格来制造差距，或者直接给好处
戏剧冲突	剧情反转能极大地引起受众的兴趣
好奇悬念	激发受众的好奇心，为文案内容埋下伏笔
对比法则	通过与参照物的对比，让用户有进一步了解的意向
对号入座	通过特定的属性和标签，圈定用户人群

图 4-2　标题类型的写作分析

4.1.2　管理用户，预期体验

　　标题的第二个功能是管理用户预期体验，所谓管理用户预期体验，其实就是通过文案标题提高用户对文案内容的期望值，让用户对文案充满期待和好奇。但是，如果你吊足了受众的胃口，内容却远远没有满足受众要求的话，不仅提升不了文案的阅读量，还会造成受众的反感和失望，轻则屏蔽你的内容，取消关注，重则向平台举报你，这会对你的账号运营造成很大的影响。

　　所以，管理用户预期体验对于标题非常重要，其关键在于要做好标题与内容之间的价值平衡。即标题所塑造的内容价值和效果要和正文的实际内容相符，在提高用户期望值、激发用户点击文案兴趣的同时，也要照顾到用户的阅读体验感。

　　如此说来，一篇好的文案不仅标题要非常吸引人，而且内容还要很优质，要对得起标题的宣传效果。而要快速地提高文案的阅读量，标题既要给用户一个高预期，同时文案内容也要给用户好的体验。作为文案编辑工作者需要了解的一点是：标题是基于内容提高吸引力的，不能脱离实际内容。

4.1.3 促使用户，分享文章

标题的第三个功能就是能够促使用户分享文章。一方面，标题与内容是否相符直接决定了文案的整体质量，即使文笔不错，但如果标题与内容风马牛不相及，受众也不会去分享。

另一方面，就算内容高于用户的期望值，如果分享会影响个人的社交形象，那他同样也不会去分享。所以，在撰写标题时不仅要考虑自己文案的浏览量，也要考虑用户的个人形象和利益。

总而言之，虽然新媒体或自媒体行业发展日趋成熟，但内容创作者和大 V 们更关心的是点赞、收藏和转发，即所谓的"一键三连"。如今，持续的内容原创能力依然是这个行业的核心竞争力，而标题的打造又是内容创作的重中之重，并且是低投入高回报的那种，一个好的标题，能快速提升文案的浏览量和阅读量，达到推广和宣传的目的。

4.2 4C 法则，写好标题

标题，可以说是文案的重要组成部分，互联网上关于打造爆文标题的方法五花八门，种类繁多，这里就不多讲了，接下来笔者将重点分析好的标题要符合哪些标准和条件。

最初，笔者以为好的标题就是要足够夸张、另类，这样才能吸引别人的眼球，现在看来，这显然是片面和错误的，标题党还好，有些人为了吸引别人关注，吸引眼球，故意捏造事实，制造谣言，给社会秩序造成一定的不良影响，甚至还有违反法律的风险。

虽然现在各大自媒体平台的审核和监督越来越完善和规范，但这种类型的标题还是层出不穷，笔者认为一个真正的好标题应该基于客观事实，利用各种技巧，吸引更多点击量，实现文案效果的最大化。

所以，笔者根据自己的经验，总结出了一个 4C 标题法则，让大家了解好标题的一些定义和写作思维。所谓 4C 标题法则分别是：Content（内容保障）、Connect（连接用户）、Communicate（交流沟通）、Create（创造话题）。接下来笔者就围绕标题从这 4 个方面来详细解说。

4.2.1 基本前提，内容保障

4C 标题法则的第一要素就是 Content（内容保障），这个要素往往被人忽略，标题党的出现就源于此，没有优质的内容，就无所谓标题的好坏。所以，一定要时刻谨记：标题的作用只是强化内容的影响力，而不是无中生有的虚构，真正起决定作用的是文案的内容。

内容的精彩是好标题的后盾保障，笔者并不全面反对标题党，良性的标题党具有很强的幽默感和娱乐性，能带给受众轻松愉快的心情；但是，恶性标题党没有实质性的内容，只靠标题哗众取宠，既浪费了读者的时间，又欺骗了读者的感情，会使读者错过真正有价值的信息。更重要的是，由于标题中经常出现低俗、暴力、血腥等"灰色内容"的字眼，严重地污染了版面，危害极大。

对于内容精彩的文章，如果再配上一个足够吸引人的好标题，那就如虎添翼，这就是良性的标题党。为此，笔者总结了一些关于内容和标题搭配所产生的结果的一些公式，如图 4-3 所示。

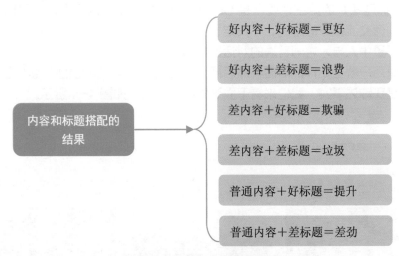

图 4-3 内容和标题的搭配结果

4.2.2 符合定位，连接用户

4C 标题法则第二个要素是 Connect（连接用户），不管是好的内容还是好的标题，都由目标用户说了算，有些公众号文案，标题只有几个字或者是一句话，非常简单，点击率却非常高。

比如"十点读书"公众号的一些文案标题：《一个家正在走上坡路的 3 个迹象》《不要高估你和任何人的关系》；"子午知书"的《别弄丢了那个对你好的人》《我也很忙，但对你秒回》；还有蕊希的《想见你，就现在，不想等》《你要偷偷努力，然后惊艳所有人》等，这些标题都非常简单，但如果原样照搬，不会有任何效果。

原因就在于这些大 V 的标题连接的是他们自己的粉丝和用户。所以，好标题一定是基于对自己粉丝群体的特性分析而定的，只有了解目标用户，知道他们的特点，才能打造出既符合自己定位，又受用户欢迎的标题。

大数据技术就是基于这个原理，收集用户搜索的信息，分析用户特性、习惯、偏好，再根据数据分析向用户推荐感兴趣的相关内容。所以，我们同样也可以对自己的标题进行分析，根据用户的反馈来不断优化标题，很好地实现标题与目标用户之间的连接。一定要明白，好的标题和内容是根据自己目标用户的匹配来撰写的，标题是基于自己的定位、目标用户进行优化，而不是基于别人的标题进行优化。

4.2.3 营造场景，交流沟通

4C 标题法则的第三个要素是 Communicate（交流沟通），标题也是一种和别人沟通交流很好的形式，不一定要有华丽的辞藻，也不一定要精雕细琢，就像生活场景中人与人之间普通的对话那样即可。

想象用户就坐在你的对面，然后两个人互相沟通交流，好的标题不是自卖自夸，而是在陈述事实，我们来看下面这些标题案例，如图 4-4 所示。

图 4-4　标题的交流沟通功能

从以上标题案例中我们可以看出，这些标题要么含有第二人称，要么打上引号告诉受众事实，要么直接以双方之间的对话互动作为标题，让人一看就非常直观明了，以沟通交流的方式向受众传达标题或文案的主题信息，使受众有强烈的代入感，从而与受众产生情感共鸣。

4.2.4 抛砖引玉，创造话题

4C 标题法则最后一个要素就是 Create（创造话题），我们在聊天交流的时候，一定要学会创造话题，这样沟通才能继续或延伸下去，而标题就像开始聊天时抛出的"一块砖"，目的是引出文案内容"这块玉"。

在现实生活中，我们经常会看到甚至自己遇到过这样的情况，在各种社交活动和聚会的场景中，几个人或一群人坐在一起，很久都没说什么话，要么各自低头玩手机，要么就是在忙自己的事情，基本上没有什么交流。造成这种结果的原因就是彼此之间没有找到共同话题，又不能尬聊。

同理，标题也是一样，如果不能创造一个大家感兴趣的话题，找到一个合适的切入点，文案的内容就无从下手。所以，标题创造话题很关键。如图 4-5 所示的标题案例，都是非常接地气的，是切合普通大众实际生活需求的话题，让人一看就迫不及待地想进一步深入探讨和了解。

图 4-5　标题的创造话题功能

以上就是笔者要与大家分享的 4C 标题法则，好标题的写作技巧需要长期坚持不断地阅读、撰写，不断地优化，慢慢总结出自己的一套方法和模式。最后，还有一点想和大家说的是，写标题和内容创作一样，思维应大胆一点，不要循规蹈矩地按照已有的公式和模式去套用，多尝试一些有创意的新形式，有时候可能会获得意想不到的效果。

4.3　文案标题，写作技巧

辛辛苦苦写好的文案在平台发表之后，分享率虽然很高，但点击量却很少，原因就出在标题上。所以，我们要做的就是将标题优化，如果标题不能吸引人的眼球，那么，内容写得再好也无人问津，在这样一个快节奏的时代，标题对于文案的重要性不言而喻。对此，笔者结合以往常见的好标题的写法和自己的一些实操经验，总结了 20 个类型的标题解析，希望能对你打造标题有所启发和帮助。

4.3.1　数字符号，凸显细节

首先，数字类型的标题会让人将目光聚焦在数字上，数字能增加标题的辨识度。其次，带有较大数字符号的文案会让人觉得文案所蕴含的信息量很大，数字能将文案的内容和价值进行具体量化，让人一目了然，激发读者点击获取有价值内容的欲望。下面我们就来看一个例子，如图 4-6 所示。

图4-6　数字符号类标题

图 4-6 中的标题都含有具体数字，让人一看就知道文案所包含的信息量和价值有多少。一般来说，数字越大，文案的价值也就越高。当然，这是在标题没有夸张虚假的成分，并与内容相符合的前提下。

4.3.2　疑问反问，打破认知

疑问句式的标题能够引发共鸣，而反问语气则会更加强烈，它会打破读者固有的思维和认知模式，引导读者深入反思。下面来看案例讲解，如图 4-7 所示。

图4-7　疑问反问类标题

这两个案例都是疑问反问类标题中的典型，"为什么你会和错的人结婚？"这句话戳中了无数失败婚姻者的痛处，引发他们深刻的反思，为了吸取教训而往下阅读文案的具体内容，如果内容写得确实客观公正，就能够帮助他们走出阴影。第二个标题则是打破我们固有的思维和认知局限，不管是否认同此观点，都想看看该观点详细的理论依据是什么，也就达到了吸引读者阅读文案的目的。

4.3.3　关联热点，吸引流量

在现在的自媒体行业中，蹭社会时事、明星动态的热点成了自媒体作者或文案编辑人员写文案的常用手段之一，并且屡试不爽，因为热点事件和明星本身自带巨大的流量和影响力，能够对文案起到很好的宣传和推广作用。下面我们来看案例讲解，如图 4-8 所示。

图 4-8　关联热点类标题

蔡徐坤是当代流量小生里面最有话题的一个了，关于他本人的热点事件数不胜数，甚至他还被制作成恶搞的视频和表情包以及各种梗在网上广为流传，最火的莫过于他的粉丝和周杰伦的粉丝在微博超话社区里的那场"流量大战"，可惜流量小生毕竟太年轻，最终以"坤粉"的完败而告终，但真正的流量和人气从来不是靠网上某个平台的几个数字决定的。

罗永浩就不用多说了，中国最早的网红明星之一，锤子手机的创始人，"相声大师"。虽然罗老师的手机事业"创业未半而中道崩殂"，但是坚持不懈的他最近又将目光瞄向了当下火热的短视频直播带货这个行业。

于是，当他在微博上宣布 2020 年 4 月 1 号将在抖音直播间卖货时，由于那天碰巧是愚人节，不禁让我们以为罗老师是在开玩笑，这个事件在网上掀起了不小的波澜，许多自媒体作者便抓住这个热点来发表自己的看法和观点。

4.3.4　实用干货，解决问题

一般来说，实用干货类型标题的文案收藏量和阅读量都比较高，因为这种标题类型的文案内容非常实在，要么是非常干货的实操方法，要么是方便实用的工具资源以及珍贵稀有的学习资料等，它能够解决受众的实际需求和问题，是不可多得的好文案。我们来看实用干货类的标题案例，如图4-9所示。

图4-9　实用干货类标题

4.3.5　引用对话，制造场景

引用对话是标题常见的一种类型，通过对话能够制造场景，给人一种身临其境的感觉，能够增强读者的代入感，以及增加读者的阅读体验感。我们来看引用对话类的标题案例，如图4-10所示。

图4-10　引用对话类标题

标题用第一人称和第二人称的字眼，以对话诉说的口吻来表达文案的主题和中心思想，特别是"除了想你，我一切都好""你这么懂事，一定很苦吧"这种说话的方式，情感丰富，温馨感人，很容易打动读者最柔软的心灵，与读者产生强烈的情感共鸣。

4.3.6　惊喜优惠，突出利益

优惠类标题是我们经常写的标题类型之一，特别是对于搞促销活动的商家和企业来说更是家常便饭，先是告诉客户产品的亮点和优势，然后再利用价格差让消费者觉得物超所值，最后再用时间限制暗示客户赶紧购买，营造稀缺感和紧迫感。下面我们来看惊喜优惠类的标题案例，如图4-11所示。

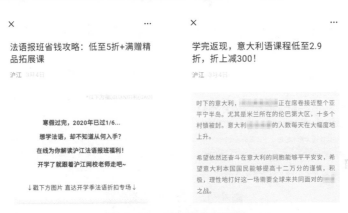

图4-11　惊喜优惠类标题

4.3.7　戏剧冲突，剧情反转

在很多优秀的文学作品中，我们经常可以看到故事情节一波三折，而且结局往往出乎你的意料，反差极大，这样的故事安排让你大呼过瘾。所以，这种戏剧冲突、反转剧情的写作手法同样可以应用于文案标题的写作，如图4-12所示。

图4-12　戏剧冲突类标题

从上面的标题中我们可以看出，标题前后的原因和结果截然相反，这种鲜明的反差和不按常理出牌的情节，能极大地吸引受众的眼球。

4.3.8 好奇悬念，埋下伏笔

悬念型标题是文字编辑者经常用到的标题类型之一，其目的在于为文案披上神秘的色彩，激发读者的好奇心，引发读者对于结果的思考，我们来看一下好奇悬念类的标题案例，如图4-13所示。

图4-13 好奇悬念类标题

这种类型的标题其实和疑问反问类标题差不多，标题本身就是一个问题，不直接给出问题的答案，而是将答案留在文案内容中，让读者自己去寻找，这就存在一个必然的因果关系：想要知道答案就必须阅读全文。

4.3.9 通过对比，引起兴趣

对比类型的标题主要是从产品或观念的差异出发，通过数字的对比、夸张的手法来突出描述对象的特点和优势。我们来看下面的案例示范，如图4-14所示。

图4-14 对比类标题

4.3.10 对号入座，建立联系

我们在读到和自己某些方面的属性或标签相关的标题文案时，自然会产生一定的兴趣和想要了解的欲望，比如：生肖、星座、八字、特长等。如图 4-15 所示为"壹心理测评"公众号的两个性格测试的文案标题，不管你是什么性格，都能找到对应的最适合自己的那个选项。第二个标题中有"35 岁前必读"的限定条件，这就为目标用户对号入座提供了依据。

图 4-15　对号入座类标题

4.3.11 善用语言，提升创意

接下来笔者将从文案标题的语言形式出发，重点介绍 3 种语言类型打造爆款标题的方法。

1. 比喻式：触发读者阅读兴趣

文案当中的比喻重在让读者看懂、感兴趣，从而想要阅读全文。在文案的比喻式标题写作中，要注意比喻是否运用得当和比喻元素的齐全性，如图 4-16 所示。

图 4-16　比喻式标题

2. 幽默式：印象深刻发人深省

在文案的写作中，使用幽默式标题，不仅能够让读者会心一笑，还能让读者在笑过之后理解作者话里更深层的意思，达到作者预期的目的。下面就是在文案的撰写中采用幽默式标题的案例，如图 4-17 所示。

我摊牌了，我就是馋拼多多的身子

原创 半佛仙人 仙人JUMP 6天前

这是仙人JUMP的第158篇原创

图 4-17　幽默式标题

3. 典故式：意蕴丰富传播性广

在文案的标题写作当中，恰当引用合适的典故，既能够让文案标题更富有历史趣味性，又能表达出更多的内涵。运用历史典故撰写文案标题意蕴丰富、以古证今、可信度高。下面是文案标题之中引用合适典故的案例，如图 4-18 所示。

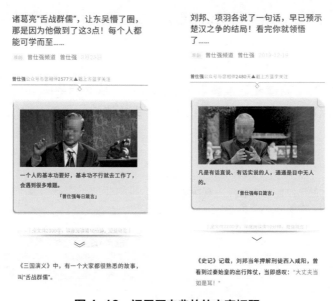

图 4-18　运用历史典故的文案标题

4.3.12 快速掌握，知识技巧

速成型标题是指向读者传递一种只要阅读了文案之后就可以掌握某些技巧或者知识的信息，"速成"，顾名思义，就是能够马上学会、得到。这种类型的标题之所以能够引起读者的注意，是因为它抓住了人们想要获取实际利益的心理。因此，速成型标题的魅力是不可阻挡的。速成型标题到底应该如何撰写？笔者总结了 3 点经验技巧，如图 4-19 所示。

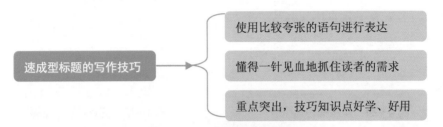

图 4-19　撰写速成型标题的技巧

下面我们来看一个速成型标题的典型案例，如图 4-20 所示。

图 4-20　速成型标题

4.3.13 直接福利，间接福利

福利式标题是指在文案标题中向读者传递一种"阅读这篇文章你就赚到了"的信息，让读者自然地想要去阅读文案。一般来说，福利式标题准确地把握了读者贪图利益的心理需求，让读者一看到"福利"的相关字眼就会忍不住点击阅读文章。

福利式标题有直接福利式和间接福利式两种表达方式，不同的标题案例有不同的效果，下面一起来看这两种标题的案例效果，如图 4-21 和图 4-22 所示。

这两种类型的福利式标题虽然稍有区别，但本质上都是通过"福利"来吸引读者的眼球，从而提升文案的点击率。

图 4-21 直接福利式标题

图 4-22 间接福利式标题

4.3.14 提示提醒，采取行动

提示式标题是以劝勉、提醒以及希望等口气来撰写标题，其主要目的在于敦促读者采取相应的行动，起到呼吁的作用。提示式标题容易让人产生共鸣，但需要注意的是在撰写这类标题时要十分谨慎，否则容易引起读者反感。提示式标题兼具多种优点，如图 4-23 所示。

图 4-23 提示式标题的优点

当然，在撰写此类标题的时候，也需要注意一些问题，比如不能过度提示，避免引起读者的反感。此类标题撰写的技巧有以下 3 点，如图 4-24 所示。

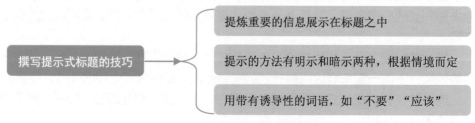

图 4-24 撰写提示式标题的技巧

下面我们来看一下提示式标题的案例，如图 4-25 所示。

图 4-25　提示式标题

4.3.15　鼓动情绪，鼓舞人心

励志式标题最显著的特点就是"现身说法"，一般是通过第一人称的方式讲故事，故事的内容包罗万象，但总体来说离不开成功的方法、教训以及经验等。励志式标题的好处在于鼓动性强，容易制造一种鼓舞人心的感觉，激发读者的阅读欲望，从而提升文章的打开率和点击率。如图 4-26 所示为励志式标题的典型案例展示。

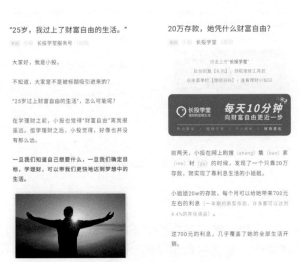

图 4-26　励志式标题

4.3.16　催促读者，快速阅读

　　很多人或多或少都会有一点儿拖延症，总是需要在他人的催促下才愿意动手做某件事。富有急迫感的文案标题就有一种类似于催促读者赶快阅读的暗示，它能够给读者传递一种紧迫感，使读者加快阅读文章的速度。那么，这类标题具体应该如何打造呢？其相关技巧总结如图4-27所示。

图4-27　打造急迫体标题的技巧

　　急迫体标题，是促使读者行动起来的最佳手段，而且也是切合读者利益的一种标题打造方式。如图4-28所示为急迫体标题的典型案例。

图4-28　急迫体标题

4.3.17　冲击观念，触动人心

　　所谓"冲击力"，即文案标题在视觉上和心灵上的触动人的力度，在具有冲击力的文案标题撰写中，要善于利用"最""第一次"和"比……还重要"等类较具极端性特点的词汇，因为那些具有特别突出特点的事物，往往能对读者形成强大的戏剧冲击力和视觉刺激力。

如图 4-29 所示为有冲击感的文案标题案例。

图 4-29　有冲击感的文案标题

4.3.18　营造画面，提供体验

人们在阅读时，一般会随着阅读的深入而进入角色，在脑海中形成一些画面。这种画面感的营造是最能带给读者好的阅读体验的方式之一。因此，在文案撰写过程中，不仅可以在文案正文营造画面感，还可以直接在标题中把这种画面感体现出来，这样更容易让读者产生阅读的兴趣，营造出更好的阅读体验。下面是在文案中营造出具有画面感的标题案例，如图 4-30 所示。

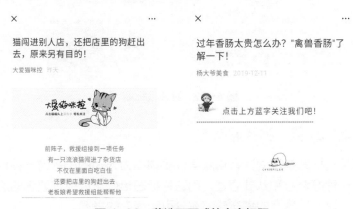

图 4-30　营造画面感的文案标题

4.3.19 独家版权，人无我有

独家性标题就是从标题上体现文案所提供的信息是独有的珍贵资源，值得读者点击和转发。从大众的心理方面而言，独家性标题所代表的内容一般会给人一种自己率先获知、别人还没有认知的感觉，因而在心理上更容易得到满足。

在这里笔者提供打造独家标题的 3 点技巧，帮助大家成功地打造出夺人眼球的独家性标题，如图 4-31 所示。

图 4-31　打造独家性标题的技巧

使用独家性标题的好处在于可以吸引更多读者阅读正文，让读者觉得文案内容比较珍贵，从而主动宣传和推广，获得广泛传播的效果。如图 4-32 所示为独家性标题的典型案例。

图 4-32　独家性标题

4.3.20 揭露真相，抓住好奇

揭露真相式标题是指为读者揭露某件事物不为人知的秘密的一种标题。大部分人都会有一种好奇心和八卦心理，而这种标题恰好可以抓住读者的这种心理，从而给读者传递一种莫名的兴奋感，充分引起读者的兴趣。

文案撰写者可以利用揭露真相式标题做一个长期的专题，从而达到一段时间内或者长期凝聚读者的目的。而且这种类型的标题比较容易打造，只需把握图 4-33 所示的 3 大要点即可。

图 4-33　打造揭露真相式标题的要点

下面我们来看一下揭露真相式标题的案例，如图 4-34 所示。

图 4-34　揭露真相式标题

这两篇文案的标题都侧重于揭露事实真相，从标题上就做到了先声夺人，因此能够有效地吸引读者的目光。

4.4　利用热词，打造标题

文案内容固然重要，但是，决定文案是否被点击的关键是标题，一个好的标题最主要的功能就是吸引用户的眼球，让他产生进一步阅读了解的欲望。而要做到这一点，可以从标题的选题入手，即利用大数据，查询平台的用户对哪个领域的关键词浏览次数最高、最频繁，这个搜索到的关键词就是热门词汇，然后围绕这个热词来编写与之相关的标题即可。

这样打造出来的标题，在一定程度上保证了流量的来源，只要标题稍加优化即可。下面笔者就从两个方面来具体分析如何快速提高文案的点击率。

4.4.1　分析原因，制定方法

在提高文案点击率之前，我们首先要做的就是分析文案点击率和阅读浏览量下降的原因，然后针对这些因素制定出优化和解决的方案，最后再看文案优化的效果，对解决方案进行验证，看是否具体可行。以微信公众号平台为例，笔者列举了一些影响公众号文案点击率的因素，如图 4-35 所示。

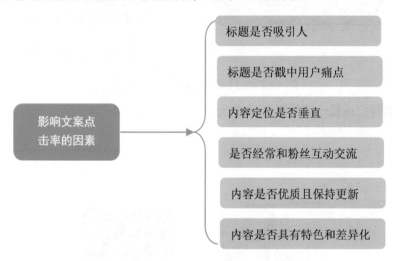

图 4-35　影响文案点击率的因素

4.4.2　视觉冲击，刺激用户

用户看到文案标题是否点击的关键在于标题能否给他带来视觉冲击，通俗地说，就是你的标题中是否含有能够直接刺激用户的关键词汇，笔者将其称之为标题的引爆词，我们直接来看案例，感受一下引爆词的视觉效果，如图 4-36 所示。

图 4-36　标题的引爆词

第 5 章

优质输出，内容为王

在文案编写中，内容是非常重要的一步，它的好坏能直接决定受众的收藏和转发率。本章将主要从文案写作的方法与技巧、文章开头与结尾的写作手法以及提高文案通过率等方面进行分析，帮助大家更好地写好文案。

5.1　文案时代，百花齐放

这是一个机遇与挑战并存的时代，互联网技术的发展改变了我们的生活，尤其是 4G 通信技术和移动智能设备的普及，改变了人们过去传统的阅读方式，新媒体行业应运而生，各大自媒体平台如雨后春笋般拔地而起。于是，许多优秀的内容创作者纷纷涌入，内容形式丰富多样、层出不穷，呈现出百花齐放的繁荣局面。

5.1.1　文案内容，致胜关键

大多数从事过文案编辑和新媒体内容运营的人都知道内容的重要性，同时也清楚其中存在的一个问题，那就是纯知识、学术型的干货类文案，虽然内容有深度，而且颇费了作者的一番心血，但阅读量往往没有想象中那么高；那些没什么含金量的"快餐式"的娱乐性文章反而能够成为爆文。

相对历史趣味、情感生活、娱乐八卦、社会热点等类型的内容而言，很多严谨规范的知识学术内容一般并不属于高频率的需求阅读，因为干货性文案的信息密度比较高，语言比较枯燥乏味，阅读体验感不是很好。

时至今日，内容创作依然是文案的核心竞争力，我们要紧紧依靠内容的精细化运营，再借助不同的内容形式，输出对用户有价值、有帮助的优质内容。所以，对于市场需求和产品内容两者之间该如何实现良好的平衡，这是每个文案人员应该深入思考的问题。

5.1.2　垂直干货，提升体验

信息密度太高是很多垂直干货类文案不受待见的原因之一，当文案中知识点太多、内容观点难以理解、用词过于学术化时，它就和读者的阅读体验感成反比。那么，在追求内容专业度、含金量、对用户有价值的同时，该如何提高干货类文案的阅读体验感呢？下面就来介绍提高其阅读体验感的几种方法。

（1）减少认知差距，使用通俗语言。

（2）多使用短句以及大家熟悉的网络用语。

（3）突出细节事实，关联熟悉的事物。

（4）语言幽默风趣，形成特色风格。

5.1.3　如何促进，文案转发

知道了什么样的干货内容用户喜欢阅读之后，接下来就是转发和分享的问题。一般来说，明明是对用户很有价值、有帮助的内容，为什么就没人转发呢？

其实，恰恰是因为文案内容足够优质，价值很高，所以才想自己"独吞"，即便做不到自己个人专属，越少人知道对自己越有利，因为这样就能造成和别人之间的信息差，从而提高自己的社会竞争力。

这种现象在分享学习资料、实用工具等文案中尤为明显，那么有什么办法可以让用户主动自愿地分享转发呢？这里笔者给大家两个建议：增强内容社交货币属性以及有技巧地创作干货内容。

5.1.4　社交货币，提供价值

其实，让用户分享、转发你的文章就和销售产品一样，除了产品本身好以外，还需要给用户提供一个购买的理由。同理，我们要让用户知道转发分享的好处，这就涉及社交货币这个概念了，在社交平台上，传播的关键在于增加内容的社交货币属性，内容的社交货币属性如下所述。

（1）为用户提供谈资。

（2）帮助用户表达想法。

（3）帮助用户塑造形象。

（4）满足用户助人的需求。

如果你的文案内容在保证高质量的同时，还能够提供给用户"社交货币"属性，就能大大提高文案的分享和转发率。

5.2　7 个方法，激发兴趣

一切广告文案都是为了营销产品，影响客户的想法，然后引导客户购买，最终实现文案所追求的目标。但大多数文案的实际情形却是很少有人点击浏览，不知道用户的真正需求和痛点在哪儿，所以就难以获得文案的营销效果。

文案内容的创作没有固定的标准，也没有什么通用的模式，但是，却可以利用一些文案写作技巧，提高文案的内容质量。下面笔者将从 7 个方面来教大家如何激发用户持续阅读兴趣的方法。

5.2.1　含章可贞，饥饿营销

相信大家看到标题都会有疑惑，"含章可贞"到底指什么？含章可贞的意思就是："比喻一个人的才华要像含在嘴里的糖一样，不要一下子全部显露出来，要看时机慢慢施展，这样才能越来越受到别人的欢迎。"试想一下，你是喜欢一个什么都被马上看穿的人，还是喜欢一个刚开始觉得没什么，相处越久越觉得不可思议的人呢？这是现实生活中的智慧。

同理，作为一篇文案、文章，也应该像一个人的才华那样，慢慢地向受众呈现精彩的内容，由浅入深，层层递进，不要马上就把"压箱底的底牌或大招"都亮出来。只有如此，用户才会对文案的内容越来越感兴趣，细细品味，产生持续阅读的欲望。

饥饿营销同样也是基于人的这种心理，越是想得到的，越不能让他马上得到。或者说，每次只让他得到一部分，才能长期地保持对别人的吸引力。小米手机在这方面可谓营销界的鼻祖，每次新品发布，只供应比较少的现货让消费者抢购，造成供不应求的稀缺感，非但不会让"米粉"失去兴趣，反而能持续地刺激消费者的购买欲望，达到营销的目的。

5.2.2　循循善诱，保持好奇

对于篇幅较长、内容较多的文案而言，有一个能让受众在阅读时始终保持好奇心的方法，那就是在文案的开头或中间告诉受众："阅读全文，文末有福利哦！"或者"更多精彩，请点击文末阅读原文"，如图 5-1 所示。这样，受众就会抱着对未知的好奇心，耐心地阅读全文。

图 5-1　案例示范

除此之外，还可以在文案中多向受众提问，以互动的方式调动受众的积极性。

5.2.3　制造冲击，形成反差

所谓反差冲击，就是你在文案中对某个常见的事物不按正常思维进行解释，和受众固有的思维或认知形成鲜明的反差，从而引发受众强烈的好奇心。我们来看冲击反差型的文案案例，如图 5-2 所示。

这篇文案是公众号"半佛仙人"围绕直播带货这个话题，运用反向思维揭示了网红的本质和地位，受众一看标题就会觉得不可思议，网红怎么会不值钱呢？因为在普通人眼中，网红的影响力仅次于明星，靠粉丝刷的礼物都能实现财务自由，直播带货销售额分分钟破万，如冯提莫、李佳琦、李子柒等。所以，不论是话题本身还是标题，都能深深地吸引受众一探究竟，看文案分析得有没有道理。

图 5-2　冲击反差型文案的示范

5.2.4　先说利益，再说产品

在产品营销文案中，有的人一味地用词汇和语言描述、宣传产品的亮点和特色，结果受众看了之后，虽然觉得你的产品确实不错，但是他压根不需要或者用不到，完全是白搭，原因在于我们没有抓住用户的实际需求和痛点，只站在自己的角度来思考，没有站在用户的角度去思考问题，要知道用户只关心与其相关的切身利益，如果你的产品不能为他解决实际问题或者给他带来好处，任你说得天花乱坠，他也无动于衷。

所以，我们应该在文案中明确地告诉客户，购买产品能给他带来什么好处，可以帮他解决什么问题。这样的话，再结合产品的亮点和优势，就能吸引客户，从而购买我们的产品。

5.2.5　场景打造，引起共鸣

有时候，我们看到某些文案就情不自禁地触景生情，想起过去的陈年往事，这是因为这些文案都在卖情怀，通过经典唤起受众以前的记忆，让受众自然而然地进行场景联想，将品牌或产品与受众的回忆联系起来，从而达到营销的目的。

如图 5-3 所示为知乎地铁广告，图 5-4 所示为陌陌地铁广告。

图 5-3　知乎地铁广告

图 5-4　陌陌地铁广告

看到这两则广告文案可让我们马上联想到职场上的情景，每个人在不同时期或多或少都有职场倦怠症，一到周五下班的时候就欣喜若狂，因为又是周末了，所以打卡都打出节奏感，文案的主题和内容都应与用户生活息息相关，使用户不自觉地联想到相关情景，从而激发用户的兴趣。

5.2.6　描述细节，内容具体

抽象的信息很难让受众形成认知，而细节的描述能让受众产生清晰的画面感，这一点在文学作品中应用广泛。在描写人物性格特征或形象的时候，通常是借助对象的衣着打扮、行为习惯、语言和具体的事件衬托出来的。

比如《三国演义》中对诸葛亮形象的描写："身长八尺，面如冠玉，头戴纶巾，身披鹤氅，飘飘然有神仙之概。"通过这一系列具体词语的形容和描绘，我们的脑海中就可以呈现出这样一个形象：一个长得很帅，个子又高，戴着帽子，拿着扇子，很儒雅的人。在文案写作的过程中，细节描写越仔细，内容越具体，画面感就越清晰，受众就越感兴趣。

5.2.7　讲好故事，引发情绪

文案的本质可以说就是向用户传达信息，而信息的表达方式多种多样，讲故事就是其中的一种，特别是在自媒体时代，故事可以以更巧妙的方式吸引受众眼球，走进受众的心里。但是，笔者希望大家注意以下几点。

（1）故事需要有一定的穿透力。

（2）故事需要引发用户的情绪。

（3）故事需要有必要的细节描写。

5.3　6 个技巧，引人注目

前面笔者讲了激发用户持续阅读兴趣的 7 个方法，接下来笔者再一次完善方法，从 6 个方面教大家如何用文案内容吸引用户的注意力。

5.3.1　第一句话，非常重要

某位名人说过："一则广告里的所有元素首先都是为了一个目的，那就是让读者开始阅读文案的第一句话，仅此而已。"所以，文案开头的第一句话很重要，不仅仅标题是文案的第一印象，好的开头同样也是。

如果开头第一句话不能抓住客户的心，那么文案后续内容的价值便会大大降低。当然，并不是说只有文案的第一句话很重要，其他内容就不重要，作为一个专业的文案策划编辑来说，我们需要做到对文案内容的每一句话都要像开头第一句话一样认真对待。

5.3.2　制造悬念，引发好奇

悬疑类型的电影一直是非常热门的电影题材，因为它能时刻抓住观众的眼球，吸引观众的注意力。其中，最典型的莫过于《名侦探柯南》了，记得笔者小时候看柯南的时候，总是全神贯注地盯着电视机屏幕，边看边随着剧情的推进思考着凶手是谁，这就是悬疑的魅力。

正是因为这样，所以很多文章、文案、小说等都喜欢用悬疑来作为题材或者开头，用来吸引读者、引发读者的好奇心，这是必备的写作技巧之一。

5.3.3　描述痛点，产生共鸣

在文案写作的过程中，一定要将客户的实际需求和痛点在文案中呈现出来，然后再告诉客户，产品就是为了帮他解决实际问题而生产的，再顺势介绍产品有哪些特别的功能和亮点，这样一来就可将客户和产品的利害关系紧密地结合在一起，从而使客户与文案产生共鸣，达到营销的目的。

5.3.4　限定条件，定制专属

每一个人都很关心与自身相关的信息和事物，所以要想你的文案能够引起受众的注意，就必须推出和他有关的个性化内容，增强受众的代入感，让受众觉得文案的内容就是专门为他定制的，这样他就会对文案内容十分感兴趣。

那么具体该怎么做呢？可以先找出目标用户群体的属性特征，把这些属性特征标签化，比如从年龄这个角度来说，你可以把目标用户群体锁定为 35 岁以下的年轻人；从婚姻恋爱状况来分，你可以把目标人群锁定在单身男女身上。总之，确定好目标人群之后，再根据群体对象的共同特征以及限定的条件，为他们定制专属的内容。

5.3.5　逆向思维，打破常规

人们对熟悉的事物、思维模式、世俗的观点早已司空见惯、习以为常，听多了、见多了就没有什么吸引力了。如果这时突然有一个反常思维的观点文案出现在你面前，你会不会眼前一亮？我想肯定会的，因为就好比一直平静的湖面，突然扔进一块石头，掀起层层涟漪。所以，逆向思维的文案内容和观点有利于打破常规，树立自己独有的特色，从而吸引受众的注意力。

5.3.6　亲身体验，有力证明

最后一种快速吸引受众注意力的方法就是描述自己的亲身经历和体验，因为是自己亲自经历过的事情，所以感触比较深刻，对于文案内容的语言描写是非常有利的。而且，用第一人称叙述可使文案内容更加真实可靠，能够赢得受众的信任，获得受众的好感，还可以引起受众的代入感和共鸣。

5.4　两种方法，开头结尾

前面我们讲过文案的第一句话非常重要，它的好坏决定了给人留下的第一印象，第一句话是文案开头的一部分，而文案开头的第一段则是影响整篇文案阅读量和阅读完成率的关键。

因为每个受众阅读文案时的场景都是不一样的，你无法预判受众阅读时的场景是什么，当时在干什么，所以这就导致了每个受众在阅读时的注意力集中程度不一样，要想尽可能地吸引受众的注意力，让受众保持较高的兴趣阅读完你的文案，就必须写好开头。那么，该如何写好文案的开头呢？下面笔者以微信公众号平台为例，分享自己的一些经验。

5.4.1　写好开头，引起注意

文案开头是引起受众注意和兴趣的关键部分，写好文案开头有很多种办法，下面笔者就来详细介绍其中 8 种最常见的方法。

1）与"他"相关

我们每个人基本上都更关心与自身利益密切相关的事情，这是一个追求个性和自我的时代，人们不会放太多精力去关注和自己没有太大关系的事情。所以，文案的内容必须和受众相关的事情联系在一起，才能吸引他的注意力。

2）浓缩精华

如果文案内容比较多，篇幅比较长，受众在阅读的时候就很容易产生疲劳感和厌倦感，文案的核心精华部分找起来也费时费力，所以，我们可以在文案的开头就对文案的核心要点进行简要概括。通过浓缩精华，总领全文，让读者提前对文案的主要内容有个初步的了解。比如，可以在开头做好文案的内容大纲或框架，相当于一本书的目录，让读者更轻松地阅读；也可以提前预告文案要讲的主要内容、为什么要讲这些以及对读者有什么帮助；还可以提前概括每部分的内容，让读者选择性阅读。

如图 5-5 所示为公众号"长投学堂"关于理财干货文案合集的文案开头部分截图，这篇文案有很多干货，所以针对不同的受众人群对文案内容进行分类概括，以便受众对号入座，选择适合自己的部分进行阅读。

3）描述痛点，戳中要害

这是一种非常直接的开头方式，文案开头就引出目标读者最关心的需求和实际问题，直接切中读者的痛点要害，一下子就能得到读者的高度重视，然后再继续一步步地给出建议或解决方案。

如图 5-6 所示为公众号"半佛仙人"一篇关于电视剧《我是余欢水》的观后感，开头就点明了文案的写作目的，矛头直指广大的中年人，所以一下子就抓住了中年男人们的眼球，让他们的中年危机感再次加深。

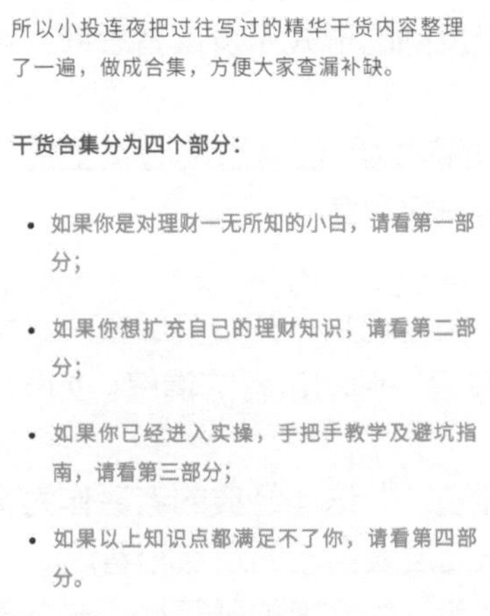

所以小投连夜把过往写过的精华干货内容整理了一遍，做成合集，方便大家查漏补缺。

干货合集分为四个部分：

- 如果你是对理财一无所知的小白，请看第一部分；
- 如果你想扩充自己的理财知识，请看第二部分；
- 如果你已经进入实操，手把手教学及避坑指南，请看第三部分；
- 如果以上知识点都满足不了你，请看第四部分。

最近我补了《我是余欢水》，一个很苦闷的幻想剧。

虽然我没他那么倒霉，很多坑我一眼就看穿，甚至还嘲笑生活中不会有这么 ■ 的人。

但还是会觉得有点被击中。

我想，这或许是一种对于自己中年的潜在恐惧。

我在害怕自己变成他。

图 5-5　"长投学堂"公众号文案开头　　**图 5-6　"半佛仙人"公众号文案开头**

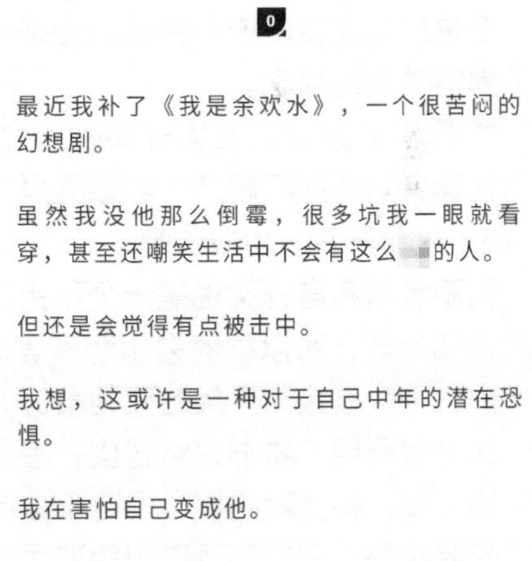

这是一种常用的文案写作套路，很多演讲稿、广告等喜欢利用受众的这种心理，并且屡试不爽。我们再来看一个案例，如图 5-7 所示为公众号"蕊希"的一篇文案的开头。

该案例是"蕊希"公众号就结婚这个话题所推出的一篇文案，文案开篇以对话的形式讨论了金钱和爱情之间的关系，对于那些家庭条件不是很好的单身青年来说，这是一个他们最关心的话题。

4）设置悬念，激发好奇心

这应该是最常见的文案开头形式之一了，一开头就设置悬念、埋下伏笔，对激发读者好奇心以及保持读者阅读兴趣的作用很显著。我们来看悬念型文案开头的典型案例，如图5-8所示。

"你说，有没有钱会不会影响大家选择爱情？"这是一个朋友在一天深夜问我的问题，我想了想回答说："会吧，大家都想找条件好的，找富裕的，这样生活才不会差。"

朋友又说："那假如自己有钱，还会不会拿金钱作为衡量爱情的条件？"我说："也会吧，但不会是最主要的条件，你看王思聪，找的女朋友哪一个是有钱人。"朋友发了一个哈哈大笑的表情，没再说话。

小伙伴们，大家好呀，我是小投~

最近这两个月，股票是一直处在一种反复横跳的阶段，有人说该抄底了，有人说A股完了，那到底谁的声音是正确的呢？

图5-7　"蕊希"公众号文案开头　　　　**图5-8　悬念型文案开头**

文案开篇就列出根据近两个月股票行情的变化所作出的两种对应决策的观点，但是没有直接明说哪种观点正确，而是以反问的形式引发读者思考，给文案留下揭晓答案的悬念。

如图5-9所示，文案开头是通过一连串的问题给读者造成心灵上的冲击，从而让读者对这些问题产生浓厚的兴趣，想要一探究竟。

5）金句开头，引发共鸣

引用金句名言开头也是一个不错的方法，因为它从一开始就给整个文案奠定了风格和基调，所以很容易引起读者的情感共鸣，调动读者的情绪。如图5-10所示的文案就是金句开头的典型案例。

此文案引用"看书只看封皮，看报只看标题。"这句经典的老话作为文案内容的切入点，将文案的核心内容慢慢展开，从而发表自己的观点和看法。

除此之外，我们还可以引用诗词古句来开头，为文案的开篇增添一分意境和光彩，如图5-11所示。

最近世界各国的股市都很"疯狂"——"疯狂"地下跌。很多投资股票和基金的小伙伴都被这波操作吓得够呛，很多人纷纷给小投留言：

是不是金融危机要来了？
下一步股市是不是还会再跌呢？
我该不该把股票和基金卖出呢？……

图 5-9　连续发问的文案开头

有句老话，叫：

看书只看封皮，看报只看标题。

这话原本是讽刺不认真学习的。
但，如果换成这样：

看书先看封皮，看报先看标题。

那就是正常的阅读心理了。
其实，读书就像恋爱，难免以貌取人。
如果是到图书馆借阅也就罢了，打算购买或收藏就不会不看封面，换了我还要看手感。
所以呢，有些道理还是得讲讲。

图 5-10　引用金句的文案开头

"正当谷雨弄晴时，一年弹指又春归"。

不经意间已然谷雨季，春天最后一个节气，很快就会迎来夏季。

谷雨和清明时节一样，重在情志方面的养生。

所以，本期【曾师良言】专栏让我们从曾仕强教授解读的《易经》《道德经》中，寻觅一场清修吧。

图 5-11　引用古诗词的文案开头

6）会讲故事

每个人都喜欢听故事，以故事开头的文案最能有效地吸引读者。下面我们就来对以故事开头的文案进行分析，如图 5-12 所示。

作者通过庄子的故事告诉我们"做人要低调，千万不要炫耀"的道理，从而引出文案的中心思想。故事带来的画面感、真实感以及震撼感要比单纯的叙述或讲道理更加生动形象。第二个案例故事则通过人物的细节描写，勾勒出清晰的日常生活场景画面，具有强烈的代入感，引发读者的情感共鸣。

今天给大家讲一个《庄子·徐无鬼》里面"炫技的猴子"的故事。

有一次，吴王渡过长江上了猴山。

国王出行，护驾的就不知有多少。

猴子们哪里见过这种阵仗，全都吓得逃进了深林。

只有一只老猴子仗着自己"艺高猴胆大"，不慌不忙地上蹿下跳于林间，向那上山的吴王炫耀它的高超技艺，得意非凡。

吴王张弓搭箭，一箭射去。

老猴子也一把接住。

吴王连射数箭。

老猴子也全都接住。

吴王大怒，命令手下人一齐射箭。

结果，老猴子抱树而死。

悲剧啊！

慢慢喜欢你
莫文蔚 · 我们在中场相遇

下班的时候突然飘起了小雨，等来一辆公交车，人一下子都拥了过去。我还没挤进上车的队伍，手机就响了起来。我妈说周末让我回去相个亲，我说现在没空。

电话那头突然安静了一会儿。接着我妈问："这个婚你想什么时候结？"她叹了口气，又说："你哪还有慢慢来的时间。"

图 5-12　故事的文案开头

7）开门见山，表明观点

和开头设置悬念的写作手法不同的另一种方法，就是开门见山，直接地表达中心思想和主旨观点，这也是一种不错的选择。这样的开头形式非常适合碎片化阅读时间的人，因为其能够节省读者的阅读时间成本。下面我们来看看这种类型文案的开头示范，如图 5-13 所示。

×　　　　　　　　　　　…

你不知道自己会学到什么，但是已经有8000+人报名了

时间管理　3天前

让孩子学会时间管理，
是让孩子之间拉开距离的最好手段。
孩子应该有自己玩的时间，
不应该总是——
学！学！学！

能真正用在自己身上的学问，才有用。
「曾仕强每日箴言」

〔全文共1700字，预计阅读需5分钟，写与读生〕

⌄

现在的人都很忙，忙着工作，忙着赚钱，忙着享受，忙着各种各样的事情。

但是人不能永远都忙，否则就会变成工具，没有自我了。

我们真的要留出一部分时间来读书明理。

图 5-13　开门见山的文案开头

第一篇文案开头就表明了"让孩子学会时间管理，是让孩子之间拉开距离的最好手段"的观点，也点明了文案写作的目的。第二篇文案则是告诉读者"能真正用在自己身上的学问，才有用"的观点，言外之意就是告诫大家要学会读书，让人听了恍然大悟。

8）引入一个新闻事件

新闻事件在文案开头的作用其实和故事很像，只不过没有故事那么强的感染力和穿透力，现在的自媒体内容创作者都把时事新闻、社会热点作为自己创作素材的重要来源之一。因此，以新闻事件作为文案的开头不仅能够吸引读者，

还能为文案增加更多阅读量和浏览量。如图 5-14 所示为一篇关于网红如何对抗 MCN 的文案部分截图，文案以一位知名大 V 对 MCN 的控诉的热点事件开头，吸引了无数读者的关注。

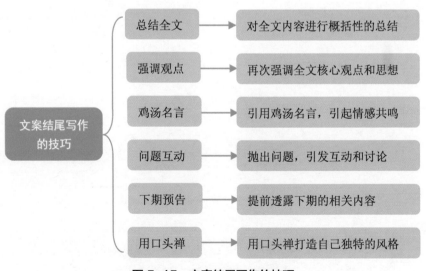

这几天B站和微博出现了一个非常有趣的事情，一个知名大V███ ████控诉自己被MCN坑了，签约后一点支持都没有得到，一切支出都是自己出的，公司在自己走红后拼命塞各种他觉得有问题的广告。

他不想接，然后受到了威胁。

他想解约，然后面临高额违约金。

这属于典型的被霸王合同坑了。

图 5-14　新闻热点的文案开头

5.4.2　6 条建议，写好结尾

讲完了如何写好文案开头的 8 个技巧之后，接下来笔者就来讲讲关于文案结尾写法的 6 条建议，如图 5-15 所示。

文案结尾写作的技巧		
	总结全文 →	对全文内容进行概括性的总结
	强调观点 →	再次强调全文核心观点和思想
	鸡汤名言 →	引用鸡汤名言，引起情感共鸣
	问题互动 →	抛出问题，引发互动和讨论
	下期预告 →	提前透露下期的相关内容
	用口头禅 →	用口头禅打造自己独特的风格

图 5-15　文案结尾写作的技巧

5.5 培养思维，快速过稿

文案写作最重要的是思维，文采好只是基本功之一，并不一定能过稿。所以，笔者决定把自己文案写作的思路分享出来，希望能对大家有所帮助，如图 5-16 所示。

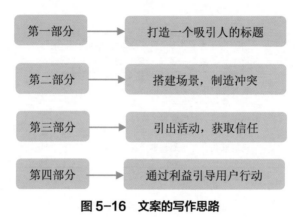

图 5-16 文案的写作思路

第 6 章

配图排版，提升美感

文案图片的选择处理与版式设计是否科学美观，对用户视觉感受的好坏将产生重要影响。因此，只有做好文案的配图和排版工作，提升文案观感，才能给用户带来最佳的阅读体验。

6.1 图片处理，7 个方面

图片素材是文案创作的重要组成部分，素材的质量和搭配合理是打造精美文案视觉效果的前提，文案策划编辑只有对符合文案主题的高质量图片素材进行适当的美化处理，才能为整个文案增添色彩。所以，笔者将从 7 个方面来讲述关于图片素材的美化和处理。

6.1.1 图片精修，美化版面

在文案创作的过程中，对图片素材的美化处理是必不可少的步骤，精美的配图是提升文案档次的一个重要武器，素材的选择和质量会影响文案的阅读量。所以，我们需要通过一些方法对图片素材进行美化，让图片更加精致和美观，以此来吸引更多的流量。要想保证配图的质量和美观，可以注意以下两个方面。

1）图片拍摄时多加注意

如果图片素材完全是自己拍摄出来的话，那在拍摄照片时需要注意拍照技巧、拍摄场景的选择和布局以及摄影的构图技巧等。为了使拍摄的照片达到理想的效果，如果对摄影不是很精通，也可以去在线教育类的摄影培训平台进行系统的学习，比如"手机摄影构图大全"公众号。

2）善用后期处理软件

如果图片素材是在互联网平台找的，或者对拍摄的照片不太满意，我们就需要借助软件美化的功能对图片进行后期处理。现在市场上的图片处理软件多如牛毛，我们可以根据软件操作的功能特性和个人的使用习惯来选择适合自己的软件。这里笔者向大家推荐几款流行的后期处理软件：Lightroom、美图秀秀、光影魔术手、Adobe Photoshop 等。

6.1.2 图片颜色，提升视觉

文案编辑人员如果想要自己的文案吸引受众的眼球，那么配图的颜色搭配就要合理，色彩搭配不是一件容易的事，它需要进行仔细的斟酌和考虑。合理的颜色搭配能够给人一种舒服耐看的视觉感受，从而提升受众的阅读体验感。对于图文而言，一张图片的颜色搭配需要做到 3 点：亮丽、夺人眼球；色彩与内容风格相符；图片色彩不要杂乱无章。

色彩明亮的图片能给人一种轻松、愉快的感觉，至于图片色彩是否与文案内容风格相符更是需要注意的细节问题。比如你的文案内容是比较低沉、严肃的风格，那么就可以选择偏深色系的图片；如果使用太过艳丽的颜色，就会破坏文案整体的视觉效果。

一般来说，大多数文案编辑会根据自己特定的写作风格或文案内容来决定图片的配色，以便形成自己的特色。下面我们来看色彩搭配与文案内容相符的案例，如图 6-1 所示。

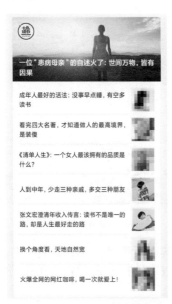

图 6-1　图片颜色的不同搭配

6.1.3　图片尺寸，大小适宜

　　图片除了需要注意颜色的搭配之外，还需要选择合适的尺寸，确保图片能够清晰地显示。图片尺寸实际上不仅指图片本身的像素，同时还代表图片在文案中所占的空间大小。图片在文案排版中的尺寸大小一般都规定了范围参数，所以，为了保证图片足够清晰，就必须提高图片的分辨率和调节合适的高宽比例。

　　然而，图片的体积大小又和读者的阅读体验息息相关，因此在保持图片分辨率的同时，还要尽量缩小图片的体积，因为从理论上来说，图片的像素越高，体积就越大，而图片体积的大小会影响文案打开、浏览显示的响应速度。

　　所以，怎样减小图片就成了十分重要的问题，下面笔者就来教大家两种改变图片容量的方法。

1. 巧用 QQ 截图

　　在 QQ 打开界面，用户在结合快捷键的情况下以合适的格式保存图像，即可得到普通大小的高清图片，具体步骤如下。

　　步骤 01　打开 QQ，再打开一张需要修改尺寸的高清图片。按 Ctrl+Alt+A 组合键，将会在图上显示一个截图显示范围图标，如图 6-2 所示。

步骤 02 移动鼠标指针至图片的左上角，然后按住鼠标左键并进行拖曳，选择高清图片。在显示的浮动面板上，单击"保存"按钮，如图 6-3 所示，执行操作后，即可完成截图。

图 6-2　显示截图显示范围图标

图 6-3　完成截图

步骤 03 弹出"另存为"对话框，在其中设置保存位置和文件名，单击"保存类型"右侧的下拉按钮，在弹出的下拉列表中选择 JPEG 格式，单击"保存"按钮，如图 6-4 所示，即可完成图片另存操作。

图 6-4　图片保存

用户可以分别查看高清图片两种格式的图片容量大小，如图 6-5 所示。从图 6-5 中可以看出，运用 QQ 截图并以 JPEG 格式保存的图片其大小和占用空间明显要比用原格式保存的图片小得多。

图 6-5　属性面板中显示的图片大小对比

2. 善用画图工具

除了可以运用 QQ 截图来把高清图片改为普通图片外，还可以通过画图工具来实现这一目标，具体步骤如下。

步骤 01　执行"开始"｜"程序"｜"附件"｜"画图"操作，打开画图软件。在软件界面中，选择"画图"｜"打开"命令，打开需要修改的高清图片，如图 6-6 所示。

图 6-6　打开需要修改的图片

步骤 02　选择"画图"｜"另存为"命令，在弹出的"另存为"窗格中选择"JPEG 图片"选项，如图 6-7 所示。

图6-7 选择"JPEG图片"选项

步骤 03 执行操作后，弹出"保存为"对话框，设置图片保存的位置和类型，单击"保存"按钮即可保存图片，如图6-8所示。

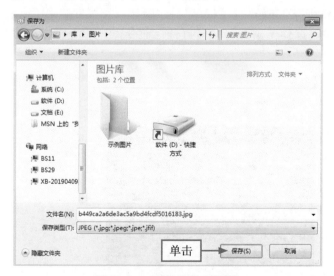

图6-8 "保存为"对话框

这样操作之后，通过查看属性可知，保存的图片比原图的大小和占用空间都要小得多。

6.1.4 图片数量，合理搭配

关于文案应该配多少张图片才合适这个问题，要根据文案的具体内容来决定，不同的文案有不同的类型、形式以及侧重点，下面笔者从两个方面来分析图片数量的安排和设置。

1）发布图文的数量

每天发布和推送的文案或图文数量，决定了你要准备的配图数量。如果你每天发布一篇文案或者几篇文案，那么你需要准备的图片素材数量就比较多；如果你几天才推送一篇文案或者隔一段时间才推送一篇，那么你所需要的图片素材就比较少。

2）排版配图的数量

每篇文案都拥有自己的特色，有的文案在内容排版时会使用多张配图，而有的则只使用一张图片，这种不同的图片排版方式会给受众带来不一样的阅读体验。

以微信公众号为例，从推送的图文数量来看，有的一次推送多篇图文消息，有的一次只推送一篇文案。图 6-9 所示为"曾仕强"公众号和"外贸成长笔记"公众号推送图文数量的对比。

图 6-9　推送图文数量不同的公众号

图 6-10 所示为公众号"半佛仙人"和"豆瓣"官方公众号的文案展示，可以看到，"半佛仙人"的文案只在开头使用了一张图片作为封面，文案的正文部分都是文字；而"豆瓣"官方的推文有好几张图片，而且图片的排版都非常整齐美观，这两种不同的文案风格给人完全不同的视觉感受。前者注重实际的叙述，后者更在乎文案的美观和整洁，总的来说各有千秋。

图 6-10　排版配图数量不同的公众号

6.1.5　容量越小，加载越快

文案所使用的图片都要经过仔细的筛选，尤其是在设置图片的尺寸大小时，需要从不同的角度去考虑。图片尺寸的考虑因素如图 6-11 所示。

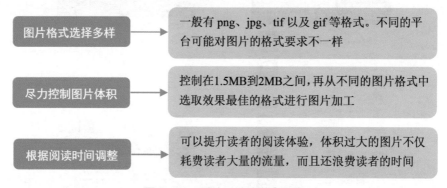

图 6-11　图片尺寸的考虑因素

如果读者的阅读场景是在有 Wi-Fi 的情况下，那么就可以适当地将图片容量调大一点，给读者提供超清晰的图片，让读者拥有最佳的阅读体验；但如果读者是用手机流量在阅读，那么就要控制图片的容量，以节省读者的流量和时间。

以"手机摄影构图大全"为例，它的推送时间选择在中午人们休息的时候，这时大部分读者应该处在 Wi-Fi 的环境下，所以文章中也就置放了很多高清图片，以供读者欣赏品味，如图 6-12 所示。

图 6-12　"手机摄影构图大全"的文案图片

6.1.6　动图特效，生动有趣

在很多文案中经常可以看到有趣搞笑的 GIF 动态图片，也可以叫作动态表情包，这种图片相对于传统的静态图片而言，表达更加生动形象，视觉效果更好，因此能获得大批受众的喜爱，给受众带来非常愉快的阅读体验。下面我们来看一个应用动图的文案案例，如图 6-13 所示。

图 6-13　"半佛仙人"文案中的动图展示

从上面的案例中我们可以看到许多幽默搞笑的表情包和动态图，虽然这样的文案创作制作比较耗费时间和精力，但其展示出来的效果是显而易见的。尽管动态图的效果和体验非常好，但是给受众增添乐趣的同时也要注意与文案的内容匹配。

6.1.7　长图效果，一目了然

除了动态图之外，长图也是能够为文案内容增添色彩的一种表现形式，这种以长图片加文字来描述内容的漫画阅读形式，其阅读量比较高，很多企业和商家经常用这种文案形式来宣传推广自己的新品。

下面是某护肤品品牌的产品宣传介绍长图文案，如图6-14所示。

图6-14　护肤品产品的长图文案

从上面的案例中我们不难看出，长图文案具有3个方面的优势：图文一体，整体性强；相辅相成，生动形象；简洁大方，一目了然。

6.2　文字版式，美观一致

对文案进行排版的时候，除了要明确文案各部分应具备的版式要素之外，还应注重整篇文案文字版式的一致性与美观性，慎重对待文案中的每一个文字、句式、段落，使发布文案的文字版式符合相应的标准。本节主要介绍各平台推送文案的文字排版的相关知识。

6.2.1 突出设置，重点内容

文案编辑人员在对平台推送的文案内容进行排版的时候，为了体现文案的层次感，突出文案的重点内容，可以采取一定的突出设置，突出设置的对象主要指的是正文的重点内容。

在此以搜狐公众平台为例介绍文字突出设置的相关知识，在搜狐公众平台上，编辑文案正文时，提供了两种字号形式，如图 6-15 所示。

图 6-15　搜狐公众平台常见的两种字体形式

图 6-16 所示为分别设置为正文字体和标题字体的文本效果，通过这样的设置，受众在阅读的过程中能很容易就分辨出文案的重点内容。

图 6-16　搜狐公众号平台的字体设置效果

6.2.2 合理选择，字体字号

给文案内容选择合适的字体字号，也是文案编辑排版工作中需要考虑的一个事项。在一些操作平台中，并没有为文字编辑提供很多种字体供选择。例如，在微信公众号中仅提供了斜体的设置，如图 6-17 所示。

谁说小个子不能拍全身照？用这19招拍出大长腿！

原创：构图君

图 6-17　微信公众号的斜体设置

除了字体外，字号也是文案排版的一项重要内容。合适的字号大小能让受众在阅读文案的时候使眼睛与手机保持合适的距离，而且还能让版面看起来更舒服。在微信公众号后台群发功能中的新建图文消息的图文编辑栏中设有字号大小的选择功能，如图 6-18 所示。

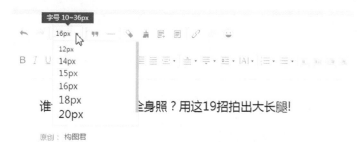

图 6-18　微信公众号平台字体大小的设置

从图 6-18 中我们可以看到，微信公众号平台为运营者提供了多种不同大小的字体设置选项。接下来笔者将为大家展示同一段文字在微信公众号后台设置成不同字体大小后的效果，字号从上到下为 12px 到 24px 的顺序，如图 6-19 所示。

图6-19　同一段文字设置不同字号的效果

从图6-19中可以看出，16px、18px、20px这3种大小的字体看起来比较舒服，因此在设置字号大小的时候，可以在这3种字号中进行选择。

6.2.3　要点内容，加粗显示

在新媒体平台上，后台编辑框中的文案字体要求是宋体，这对于需要利用其他字体来进行区分和突出重点的文案来说，是一个两难的问题，在这种情况下，内容创作者可以通过字体加粗来凸显重点。以微信公众号为例，内容运营者可以通过在微信公众号后台单击"加粗"按钮，对文字进行加粗设置，如图6-20所示。

图6-20　微信公众号后台的字体加粗方法

字体加粗是一种比较常用的方法，在一般的文本编辑中，都会采用这种方法来标注重点，在微信公众号平台上更是如此。下面我们就来看看文字加粗的效果展示，如图 6-21 所示。

图 6-21　公众号文案加粗字体标注要点的案例

6.2.4　多种颜色，有效搭配

除了可以通过字体加粗的方法以外，还可以通过调节字体颜色的方式来实现文案要点的标注。运营者可以在微信公众号编辑后台单击"字体颜色"按钮，在弹出的面板中选择相应的颜色即可，如图 6-22 所示。

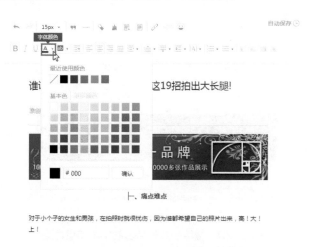

图 6-22　微信公众号后台的字体调色方法

字体调色作为一种突出文案要点的方法，在很多新媒体文案上比较常见，如图6-23所示。

图6-23　公众号文案字体调色标注要点的案例

6.2.5　选好距离，增强美感

在新媒体平台中，需要做好3个方面的距离选择，分别是字间距、行间距和段间距，接下来笔者就分别进行详细的分析。

1. 字间距

字间距指的是横向间的字与字之间的距离，字符间距的宽与窄会影响受众的阅读体验，也会影响文案篇幅的长短。在某些新媒体平台的后台并没有可以调节字符间距的功能按钮，如果运营者想要对公众号文案的文字进行间距设置的话，可以先在其他软件上编辑好，再复制到公众号后台的文案编辑栏中。

以Word为例，简单介绍一下文字字符间距的种类。在Word中字符间距的标准有3种，分别是标准、加宽、紧缩，如图6-24所示。

字间距越宽，同样字数的一段话，所占的行数就越多，反之则会越少。同一段文字在Word中选择的字符间距的标准不同，最终呈现给受众的视觉效果也存在较大的差异。

接下来为大家展示将字数相同的一段文字按Word中标准、加宽1.5磅、紧缩1.5磅这3种形式，分别复制到微信公众号后台群发功能中的新建图文消息中，最终在图文编辑栏中所呈现出的文字效果，如图6-25所示。

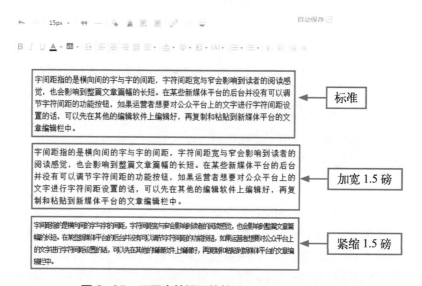

图 6-24　Word 中的字符间距标准

图 6-25　不同字符间距的效果

由图 6-25 可以看出，文字的字符间距对文案的排版是有一定影响的，并且会影响受众的阅读体验，所以文案编辑一定要重视文字字符间距的排版。

2. 行间距

行间距指的是文字行与行之间的距离，行间距的多少决定了每行文字纵向间的距离，行间距的宽窄也会影响文案的篇幅长短。以微信公众号为例，在其后台群发功能中，新建图文消息的图文编辑栏中设有行间距排版功能，其提供的可供选择的行间距宽窄有多种，如图 6-26 所示。

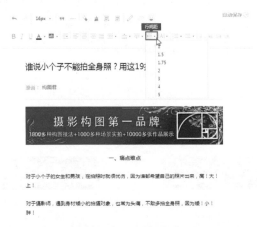

图 6-26　微信公众号后台的行间距排版功能

图 6-27 所示为将同一段文字复制到微信公众号后台，利用新建图文消息的图文编辑栏中的行间距排版功能，分别将文字的行间距设置为 1 倍、1.5 倍、1.75 倍、2 倍和 3 倍之后，最终呈现的效果对比。由图 6-27 可以看出，将行间距设置在 1.5 倍到 2 倍之间，其排版效果的视觉体验较好。

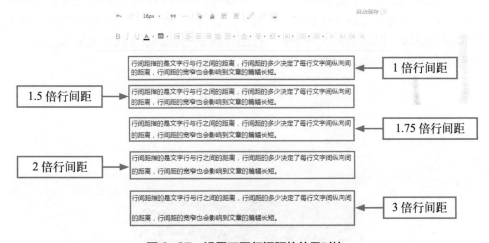

图 6-27　设置不同行间距的效果对比

3．段间距

段间距指的是段与段之间的距离，段间距的多少也同样决定了每段文字间纵向间的距离。文案编辑在设置文案段间距时，可借助平台后台中自带的段间距排版功能。以微信公众号为例，在微信公众号后台群发功能中，在新建图文消息的图文编辑栏设有段间距排版功能，且分为段前距与段后距两种。运营者可以根据自己平台受众的喜好选择合适的段间距，从而为平台的用户带来最佳的视觉体验，进而增强粉丝对公众号的黏性，扩大公众号的影响。微信公众号后台提供的这两种段间距功能都提供了多种间距范围选择，如图 6-28 所示。

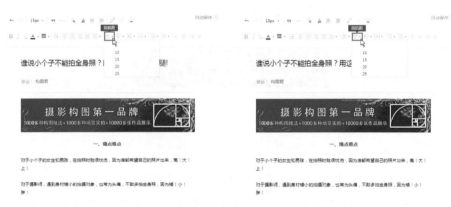

图 6-28　微信公众号平台的段前距与段后距功能

6.2.6　首行缩进，便于区分

文案编辑在对文案进行排版时，时常要用到首行缩进这一排版功能。在对新媒体平台推送的文案进行排版时，运营者可直接在平台后台利用相应的首行缩进功能进行排版。以微信公众号为例，在后台群发功能的新建图文消息编辑栏中，设有首行缩进的功能，如图 6-29 所示。

图 6-29　公众号后台的首行缩进功能

微信运营者在编辑内容的时候，可能对一段文字在排版的时候已经设置了首行缩进，但是显示在手机上的时候，显示的却是左对齐。其实运营者只需将在 Word 中编辑好的文本内容先清除格式，之后再进行首行缩进的设置操作，这样就不会出现之前的情况了。

6.3　文案版式，做好管理

文案编辑人员要想发布的文案获得较高的浏览量，就不得不注重文案版面的美观性。要做好文案的排版，首先应该弄清楚文案各部分所需的版式元素，只有具备了相应的版式元素，才能使发布的文案带给用户最佳的视觉效果与阅读体验。本节主要介绍文案各个部分所需的版式元素。

6.3.1　开头关注，引导阅读

只有了解文案开头应具备的版式要素，才能使平台推送的文案在排版上具备科学性与美观性，从而让文案开头更吸引人。每个新媒体平台上的文案，运营者都会在文案的开头处放上一段邀请受众关注账号的话语或者图片，这是为了让受众在点开文案的时候就能够点击关注自己的账号，从而增加粉丝数量，如图 6-30 所示。

图 6-30　文章开头排版的案例

对新媒体平台的各账号而言，在排版上也会注意把最能吸引受众关注的和最新推荐的信息放在首要位置，或者是宣传作者与企业信息等，以便引导受众关注和阅读，增强用户黏性，如图 6-31 所示。

图 6-31　平台账号首页引导关注的案例

6.3.2　用分隔线，区分内容

分隔线是在文案中将两个不同部分的内容分隔开来的一条线，虽说它叫分隔线，但是它不仅仅是线条这种形式，还可以是图片或者其他分隔符号，文案编辑可以根据自身需要进行选择。

如图 6-32 所示为公众号"蕊希"和"人人钢琴网"文案的相关界面，从中可以看到其分别在正文的开头和结尾部分用了分隔线。分隔线既可用于文章的开头部分，也可用于文案的结尾部分。

图 6-32　将分隔线用于文案的案例

6.3.3　结尾推文，获取关注

很多自媒体作者会在文案结尾处留一个版面对平台上之前已经推送过的文案进行再推荐。图 6-33 所示为"莫理"公众号的文案结尾排版设置，可以看到其在结尾处设置了往期节目推荐板块。

图 6-33　公众号文案结尾排版设置

还有的公众号拥有自己的网站，他们会在文案的最下面设置一个"阅读原文"按钮，即可引导受众关注企业网站，如图 6-34 所示。

图 6-34　文案结尾设置"阅读原文"按钮案例

6.3.4　文末签名，做好宣传

在文案编辑中，可以在个性签名里展示自己的优势和独特的个性，图6-35所示为"手机摄影构图大全"和"半佛仙人"公众号文案末尾的个性签名展示。

图6-35　个性签名展示

6.3.5　巧用工具，帮助编辑

在前面给大家介绍了几款主流的图片后期处理软件，接下来就为大家详细介绍3款文案内容编辑器，让大家可以轻松搞定文案内容的编辑与排版。

1. 秀米编辑器

秀米编辑器是一款优秀的内容编辑器，下面为大家介绍一下秀米编辑器的排版操作流程。

步骤 01　进入秀米官方网站，登录秀米，在秀米主页上单击"新建一个图文"按钮，如图6-36所示。

步骤 02　执行上述操作后，进入"图文模板"界面，单击"我的图库"按钮，如图6-37所示。

步骤 03　执行上述操作后，即可进入"我的图库"界面，单击界面中的"上传图片（可多选）"按钮，上传一张图片作为推送消息的封面，如图6-38所示。

步骤 04　完成操作后，打开"打开"对话框，选择需要上传的图片，单击"打开"按钮，如图6-39所示。

图 6-36 单击"新建一个图文"按钮

图 6-37 单击"我的图库"按钮

图 6-38 "我的图库"界面

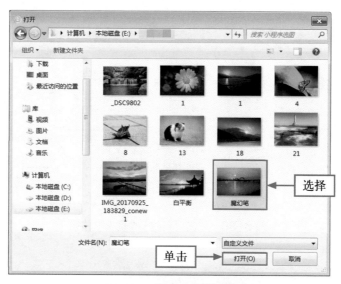

图 6-39　"打开"对话框

步骤 05　完成操作后，选择的图片将出现在"我的图库"界面。此时，只需选择编辑界面左上方的封面编辑处；单击"我的图库"界面中的图片，便可添加文章的封面图片，如图 6-40 所示。

图 6-40　上传封面

步骤 06　在封面图右侧输入图文标题和描述，然后单击"图文模板"按钮，进入"图文模板"界面，如图 6-41 所示。

图 6-41　单击"图文模板"按钮

步骤 07　在"图文模板"界面的"标题"板块中选择标题级别，在这里笔者选择的是"标题级别 1"；在编辑界面中出现的标题编辑栏中输入标题内容；标题内容输入后，运营者可以单击上方的按钮进行相关操作，如单击 █ 图标，让标题居中对齐，如图 6-42 所示。

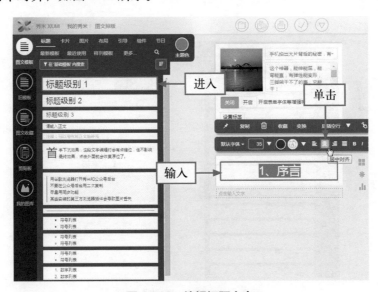

图 6-42　编辑标题内容

步骤 08　标题编辑完成后，运营者再选择"标题"栏下方的"请输入正文"选项，输入文字内容。单击"我的图库"按钮，在"我的图库"界面中选择图片，便可以在正文中插入图片了。图文编辑后的效果如图 6-43 所示。

图6-43　编辑图文内容

步骤 09 完成所有内容的编辑后，单击上方菜单栏中的"预览"按钮，如图 6-44 所示。

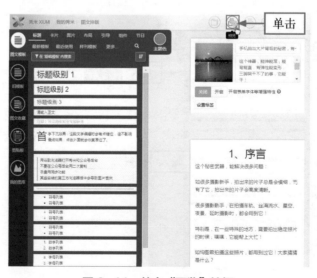

图6-44　单击"预览"按钮

步骤 10 操作完成后，将弹出内容预览栏。运营者可以通过两种方式预览编辑的内容：一种是直接在电脑上弹出的预览界面中查看内容，另一种是用手机微信扫描二维码，在手机上预览文章，如图 6-45 所示。

图 6-45 预览文章内容

步骤 ⑪ 预览完成后，如果确认内容无误，可以单击 ⊘ 图标，在展开的下拉菜单中选择"同步到公众号"选项，如图 6-46 所示。

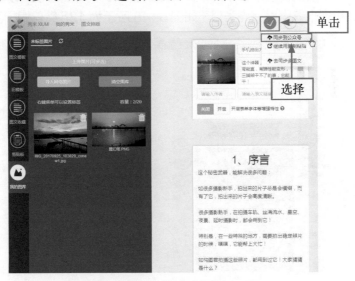

图 6-46 选择"同步到公众号"选项

步骤 ⑫ 执行上述操作后，就会出现进度条，提示内容将同步到微信公众号的进度情况，如图 6-47 所示。操作完成后，如果在微信公众号中出现该文章，就说明同步操作成功了。

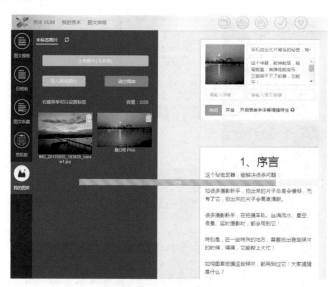

图 6-47　显示同步进度条

2. 135 微信编辑器

每个编辑器的侧重点都不尽相同，135 微信编辑器主要用于简单的图文编辑，其主界面和秀米编辑器有点类似。如图 6-48 所示为 135 微信编辑器的主界面。

图 6-48　135 微信编辑器主界面

135 微信编辑器的一大优势在于，运营者可以通过复制、粘贴内容的方式，借助一键排版功能，快速地完成文章内容的排版。图 6-49 所示为 135 微信编辑器一键排版功能的相关展示界面。

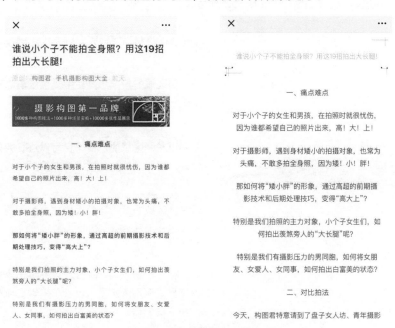

图 6-49　一键排版功能展示界面

　　图 6-50 所示为两张微信公众平台的图文截图，一张是直接在微信公众号平台后台对图文进行编辑的效果，另一张是利用 135 微信编辑器进行图文编辑的效果，大家可以将这两张图进行对比，看看哪种效果更好。

图 6-50　图文效果对比

3. i 排版编辑器

i 排版编辑器是一款用于在线微信图文内容编辑的编辑软件，如图 6-51 所示为 i 排版编辑器的默认界面。

图 6-51 i 排版编辑器的默认界面

这款具有上述诸多优势的在线微信图文编辑器，究竟具有哪些功能特点呢？关于这一问题，具体介绍如图 6-52 所示。

i 排版编辑器的功能特点 ——包括——

- 通过微信扫描二维码即可完成注册与登录
- 右侧区域的顶部工具栏中提供了清除格式、一键排版等功能
- 利用左侧区域的色板不仅可以进行换色处理，还可以添加色板中没有的颜色
- 左侧区域的编辑器模板样式分为标题、卡片等 9 个部分
- 在样式应用方面，既可通过编辑完成后单击样式应用来实现，也可在编辑之前通过在空白处插入样式来实现

图 6-52 i 排版编辑器的功能特点

　　i排版编辑器是一款很不错的内容编辑器，用户进入i排版官网，通过微信"扫一扫"功能进行注册，就能下载到电脑端进行操作了。图6-53所示为i排版编辑器的编辑界面。

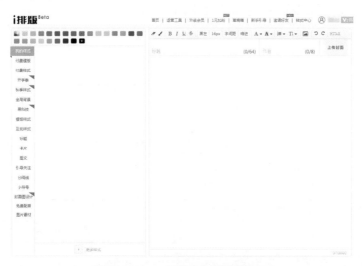

图6-53　i排版编辑器编辑界面

　　i排版编辑器的一大优势就在于可以快速地将图文内容转化为长图文，具体操作步骤如下。

　　步骤01 在编辑界面中输入图文内容，单击右侧菜单栏中的"生成长图"按钮，如图6-54所示。

图6-54　单击"生成长图"按钮

步骤02 操作完成后，对字体、清晰度和背景样式进行设置；设置完成后，单击下方的"生成长图"按钮，如图6-55所示。完成操作后，图文信息便可以快速地转化为长图文了。除了长图文之外，i排版还可以设计签名，运营者可以将设计好的签名和二维码一起放在图文的最后。

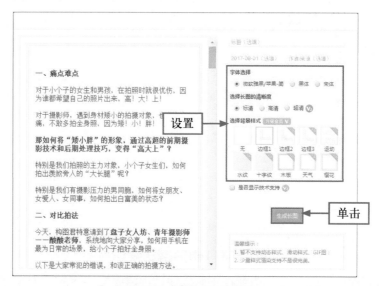

图6-55 设置长图文信息

第 7 章

广告文案，促进宣传

在文案的写作类型中，广告文案也是一个非常重要的模块。写好广告文案，能突出产品的亮点，增强视觉冲击力及产品营销的效果。本章主要从品牌宣传、广告语的写法、广告文案的策划等几个方面进行详细分析。

7.1 广告宣传，掌握要点

某位名人曾说过这样一句话："复杂的产品要简单说明，简单的产品要复杂说明。"这是产品宣传营销文案的一个写作原则，这个原则是从"复杂的问题简单化，简单的问题复杂化"这句话上演变过来的。很多文案营销人员就是基于这个原则，使自己推广的产品销量大增，火爆一时。下面笔者就围绕这个原则从两方面来分析如何写好品牌广告宣传的文案。

7.1.1 写好文案，两个方面

要想写出优质的广告文案，需要从以下两个方面入手。

1）复杂的产品要简单说明

当你销售一种使用起来较为复杂、消费者比较陌生的产品时，应该用一种简单的表达方式来描述产品，因为产品本身就已经很复杂了，消费者不一定会使用，更别说理解。人们天生对未知的东西都是用怀疑的眼光来看待的，并且是比较抵触的，因此不要在这种情况下再去制造认知障碍。对于复杂、陌生的产品，如果想要消费者快速地理解和接受，就需要进行简单的概括和说明，把复杂的东西用通俗的语言或比喻的形式讲述，使其大众化而接地气。

举个例子，2007年，苹果手机刚刚问世的时候，"智能手机"的概念还没有普及，安卓操作系统还没有诞生，很多普通人对于苹果手机这款产品到底是什么、它有什么用都不知道。于是，为了给消费者普及和解释苹果手机的产品概念，创始人乔布斯形象地比喻说："iPhone=1个大屏iPod+1个手机+1个上网浏览器。"用一句话就把本来很复杂的智能产品描述得非常形象，虽然这并不是苹果手机功能的全部，但至少能够让广大消费者理解和惊叹苹果手机产品功能的强大。

2）简单的产品要复杂说明

同样，如果你销售的产品非常简单，而且是大家非常熟悉的东西时，这个时候你就应该反其道而行之，用复杂的描述方法介绍产品。因为简单的产品本身是没有多少亮点和价值的，如果不把简单的东西尽量多说点内容，就无法吸引消费者的兴趣和关注，而且在产品定价的时候也不好追求更高的利润，毕竟是大家都熟悉的东西，如果你的产品没有什么与众不同，真正值多少钱消费者心里都有谱。

这种现象在如今"饭圈化"非常严重的手机圈十分常见，本来每个手机品牌的产品功能和基本参数都差不多，但为了吸引消费者、制造出产品的差异化，基本上每家品牌在新品发布会上都会自创一些高端大气的"专业词汇"来形容自家所研发出来的新技术和新功能，顺便嘲讽和"吊打"一下"友商"，然后在某种程度上影响和引导消费者疯狂站队和互怼。

将简单的产品复杂化，塑造产品的其他价值，不仅可以让消费者从多个角度了解产品，而且还能提升产品在消费者心中的地位和价值。

这两种方法是为了应对消费者矛盾统一的心理：一方面既希望产品能够简单快速上手，另一方面又希望产品具有足够的价值。总而言之，把复杂的产品简单说明，简单的产品详细描述，正是"一阴一阳之谓道"思想的体现，即灵活变通的中庸思维。

7.1.2　好的广告，留住受众

有的广告消费者一秒都不愿意看，而有些广告看第一遍就给消费者留下了很深刻的印象，以至于看了一遍还想再看一遍。为什么会出现这两种截然不同的现象呢？有人曾说过："没有人喜欢看广告，但他们会被好的内容吸引，好的广告应该是吸引消费者多看一分钟，而不是去打断消费者的时间。"这句话笔者深以为然。

好的广告应该是非常好玩、有趣、有料，能快速建立用户认知，能够让品牌深入消费者的心里，一个广告的声量和影响毕竟有限，品牌印象和认知的建立需要持续地影响和宣传。

7.2　好的广告，自带传播

自带传播性的广告语一定是低成本的，能朗朗上口的，不仅要一看就明白，还要一听就明白。传播的本质不是传播而是"播传"，要让消费者自发地替我们传播，只有"播"没有"传"是不行的。

自带传播就是消费者看到广告之后不仅有购买产品的行动欲望，而且能随时想起广告宣传语，愿意说给别人听，主动替我们做宣传。总之，广告语不是说一句话给消费者听，而是设计一句话让消费者去传播给其他的人听，这是结合品牌和产品，替消费者设计的一句他想说的话。

这样的广告思维和现在社交媒体上的品牌广告文案不一样，现在的品牌广告传播主要靠系列情怀文案来打动消费者，形成病毒式扩散，它的内容或形式不是固定的，同一个品牌每次出现的广告文案也不一样，典型代表比如江小白、杜蕾斯、支付宝、网易等。

这种类型的广告宣传模式，每次都需要不断地创造有创意和新颖的内容，内容的丰富多样会导致用户不容易记住品牌产品的核心卖点，更多的作用是增加品牌的影响力、知名度和曝光率。

而现在，笔者所说的广告宣传模式，文案定位要更加精准，在刺激用户需求的前提下再来传播，而且不用大规模地在社交媒体平台传播，而是通过消费者口口相传，最终达到家喻户晓的效果。

在现在广告泛滥的时代，能被人们记住的广告越来越少，下面我们一起来欣赏几个经典的广告语案例。图 7-1 所示，为特仑苏牛奶的广告宣传语："不是所有牛奶都叫特仑苏"；图 7-2 所示，为王老吉的广告宣传语："怕上火，就喝王老吉"；图 7-3 所示为"六个核桃"的广告宣传语："经常用脑，多喝六个核桃"。

图 7-1 特仑苏牛奶广告标语

图 7-2 王老吉广告标语

图 7-3 六个核桃广告标语

好的广告语有一个重要的原则，那就是降低广告语的营销成本，要达到这个目的，我们可以从两个方面入手，一是降低认知成本，一看就懂；二是要精练表达，便于扩散。下面笔者就来具体分析。

7.2.1　降低认知成本，一看就懂

降低认知成本的目的是让人一看就懂，简单易记。因此，要想降低认知成本，千万不要只站在自己的思维角度去写，切勿"闭门造车"，要不断地听取别人的看法和意见，多听听不同的声音是件好事。

比如"去屑实力派，当然海飞丝"这句经典的广告语，不仅结合了产品的功能和优势，而且意思表达得非常清楚，和顺口溜一样，完全没有理解难度，一看就懂，非常好记。

7.2.2　精练表达，便于扩散

"精练表达，便于扩散"是建立在认知记忆成本之上的，只有消费者先通过广告宣传语把品牌和产品的优势及特色记住了，才能准确无误地分享传播给其他人。要知道很多消费者是不善于概括和总结的，就算他觉得你的产品好，也很难用最简单、最精练的语言准确地表达出来。而且，只有当产品确实不错，而广告标语又很好的时候，消费者才愿意主动介绍给别人。

广告语所含的卖点不能太多，否则消费者也记不住，能把产品最大的一个功能或亮点准确无误地传达给消费者，并且深入人心，就算很成功的营销了。在很多成功的广告营销案例中，往往是一个要点就揭示了品牌或产品的核心精髓，从而能够强烈地打动消费者。比如"瓜子二手车直卖网，没有中间商赚差价"这句广告标语，非常准确地总结了网站平台最大的亮点和优势：直接交易，没有差价。而且这也是用户最关心的一个问题。

7.3　惊艳文案，策划技巧

说完了广告宣传的两种模式，接下来笔者就从 5 个不同的角度来分享如何策划一份惊艳的广告文案，希望能对大家有所帮助。

7.3.1　场景夸张，让人震撼

利用夸张场景的商业广告形式，能吸引消费者的眼球，在吸引眼球的同时，还能让消费者快速理解、建立认知，进行场景的联想，并产生购买的欲望。所谓夸张场景的商业广告形式，就是在广告中展示某一个服务体验的场景，用夸张的手法发挥自己的想象力，让产品的效果惊人。

7.3.2 产品夸张，增强冲击

产品夸张的手法是一种非常吸引人而且具有冲击力的广告方式，因为它把产品本身所具有的价值和优势给放大了，虽然夸张避免不了想象，但是想象要立足于产品本身，而不是天马行空地脱离实际，夸张的手法也必须依靠具体清晰的表现手法来完成，确保用户能直观清楚地感受到。

我们每个人都习惯于用固有的思维方式来判断和了解新事物，所以利用用户熟悉的事物来对广告进行夸张的表现，既有创意，又能让用户理解和明白。在做营销文案策划时，利用夸张手法的表现形式是个不错的方法。首先，找到产品的关键特征、核心功能、使用场景等，并把它们提取出来；然后再把产品要表现的细节点，进行放大或缩小，寻找用户熟知的事物，以一种强烈的表达方式对创意信息进行突出。

比如，对品牌优势进行夸张，像联邦快递广告：火灾出现的时候，联邦快递把消防车给快递来了，充满了戏剧性，也突出了服务速度快。总之，使用夸张手法的创意广告，不仅更能引起用户的注意，还能有效地传达产品的价值。

7.3.3 故事形式，引起共鸣

好的故事总是带有天然的情绪感染力，这也是为什么每个人都爱看故事的原因。有位名人说过："故事天然受到人类心智的关注，他们能把信息包裹在故事中，一旦观众在那一瞬间将自己的感觉与主角联系起来，怀疑就会消失不见。"特别是在如今的信息时代，对于广告的沟通，本质而言讲故事就是一种很高明的沟通策略。

产品是死的，而故事是有生命的，当产品被故事包装之后，就能以巧妙的形式吸引眼球，走进用户心里，引发情感共鸣和认同，从而消除用户对广告营销的抵触情绪，最终实现转化和成交。

故事一定要有这几个组成部分，首先是角色，每个故事都会有主人公或主角，一切的故事情节和细节铺垫都应该围绕角色去构建，实现故事想要表达的效果；其次是转折，故事要制造矛盾和冲突，这样的故事才有趣，而转折点是把故事推向高潮的关键。总之，没有转折的故事注定平淡无奇，很难调动用户的情绪，那些精彩的演讲就是运用了很多转折的手法来激发受众的情绪和共鸣。讲故事是一种传达信息、传递价值、表达观念的沟通策略。好故事需要有穿透力，能让人有心理起伏，紧跟故事节奏。而转折就是穿透力的来源。

7.3.4 巧用参照，效果倍增

消费者在对产品建立认知或进行价值判断的时候，如果商家或企业没有提供同类产品的对比，那么他会根据以往的经验和认知进行对比，其结果自然不受你的控制；但如果你提供了产品对比图或同类型的参照物，他就会基于眼前的参照物进行对比，从而达到预期的效果。

用参照物进行对比的营销手段经常被各大商家、企业用来突出自家产品的优势和亮点，如图 7-4 所示；或为消费者提供同类产品不同型号款式的参考选择，如图 7-5 所示；或用来突出产品的优惠价格和市场价格之间的差距，如图 7-6 所示；或用来突出产品使用前后的效果差异，如图 7-7 所示。

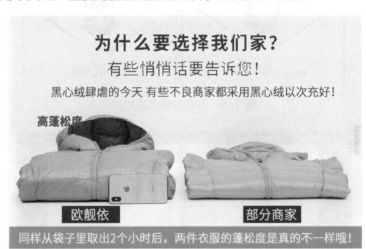

图 7-4 同类产品不同商家对比

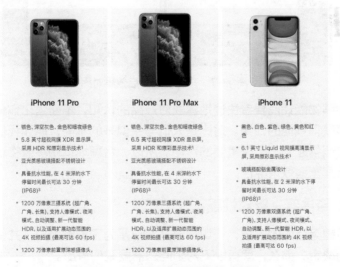

图 7-5 同类产品不同型号款式对比

图7-6 产品价格优惠对比

图7-7 产品使用前后效果对比

好的参照物能让消费者快速地建立对产品的认知，不断强化你想突出的关键信息，最终获得预期的效果。对比是人们与生俱来的本能，能让我们更快地作出决策，而参照物起到了至关重要的作用。所以，合理地运用参照物进行对比能让你的广告文案营销效果翻倍。

7.3.5 广告内容，针对性强

文案是键盘后面的销售，一切广告文案都是为了影响用户，并引导用户作出我们预期的决定。那么，就有以下两个问题需要我们考虑。

（1）销售离不开产品、渠道、消费者这三个要素，而这三者中最为关键的因素在于人，也就是消费者。

（2）销售想要现场说服和营销每一个人是困难的，更多的是找到目标客户或意向群体，增加接触和沟通的机会。

所以，基于以上两点认知，我们应该了解：好的广告文案一定能够帮助产品筛选出有意向的目标用户群体。作为营销文案人员，我们不能像线下销售那样去市场长期地磨炼，从而找到自己的目标客户，只能通过数据分析，结合产品，制定出广告文案，来对客户进行筛选。

总而言之，广告文案会按照目标人群策略进行表达，其目的是要接触和吸引到目标用户人群，最终达到营销的目的和效果，至于没有意向的人群，就是被广告文案"自动刷下去"的人。

下面我们来看一个案例，如图 7-8 所示，为某在线教育机构淘宝运营 VIP 课程的主要内容介绍和课程特色，以及适合人群宣传的广告文案页面。

图 7-8 淘宝运营 VIP 课程的广告文案

如果是对淘宝运营感兴趣，想通过开网店赚钱的创业者，或从事电商行业，想学习淘宝运营技术来提升自己职业技能的人，看到这则广告文案都会被它吸引，而且文案中也说明了课程适合的人群有哪些，这实际上已经为文案过滤掉了一部分人。那些留下来有意向的人，则会联系客服进一步地深入了解和咨询。

由于被文案吸引过来的人群基本上都是有意向的精准流量，接下来的互动和转化就比较容易了，只要进一步塑造课程的价值、激发学员的学习兴趣、耐心地解答学员提出的疑问，让他感受到热情周到的服务，做好每一个细节，就很容易取得学员的信任，最终付费成交。

综上所述，广告文案至少有两个目的：一是对受众人群进行自动过滤和筛选，只留下有意向的目标人群；二是降低营销销售的后续成本，有意向的精准客户的转化率和成交率一般来说比较高。所以，任何文案都要考虑是否可以筛选目标对象，不要把精力浪费在没有意向的人群身上，更不要为了满足所有的人而改变策略。

7.4 5 个步骤，写好文案

对于文案策划来说，写出具有创意、内容优质的文案是一个必备的重要技能，本节主要从背景分析、目标设定、实现策略、明确分工、预算规划这 5 个步骤来讲解如何写出让老板满意的文案，助你快速升职加薪，获得老板的信任和器重。

7.4.1 背景分析，基于现状

在撰写文案之前，我们首先要对行业未来的发展趋势、市场用户的人群定位、产品本身的亮点优势等进行详细的调查和分析，才能根据这些数据制定出与之相匹配的有创意的文案主题。所以，切记文案创作不能脱离实际情况和现状，想到什么就写什么，记住：艺术创意来源于生活。

7.4.2 目标设定，实施标准

在确定主题之后，接下来要做的就是设定文案的具体目标，只有目标清晰，我们才知道该如何去制定具体的步骤和实施方案，后面的一切措施和行动都是为了达到文案的预期目标和效果。那么，目标该怎样制定比较好呢？如图 7-9 所示。

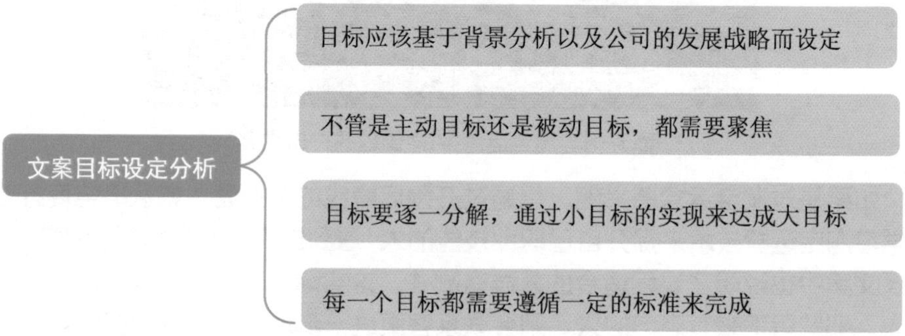

文案目标设定分析

- 目标应该基于背景分析以及公司的发展战略而设定
- 不管是主动目标还是被动目标，都需要聚焦
- 目标要逐一分解，通过小目标的实现来达成大目标
- 每一个目标都需要遵循一定的标准来完成

图 7-9 文案目标的设定分析

关于目标实施所遵循的标准，可以用 SMART 原则进行优化。那么，什么是 SMART 原则呢？下面就来看 SMART 原则的具体内容，如图 7-10 所示。

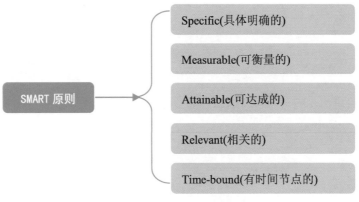

图 7-10　SMART 原则

7.4.3　实现策略，行动具体

一个问题的解决、一个目标的实现，一定会有相应的完整的实施策略和方案来支撑，所以制定好文案的目标之后就要构思文案的每一个内容模块了，包括标题、开头、主体部分的每段内容、结尾、配图、排版、优化等，详细具体的实施步骤是为了让每一步操作更简便，从而加快文案的创作速度。

7.4.4　明确分工，落实责任

有了具体的实施方案和策略之后，接下来要落实的就是任务分配的问题，因为一篇优秀文案的呈现，光靠自己一个人是肯定不行的，背后凝聚的是很多人的心血和努力。所以，"众人拾柴火焰高"，当我们把每一个具体的任务分配和落实到相应的负责人身上时，就能大大提高文案创作的效率，而且能集思广益，发挥每个参与人员的特长和优点，最终给受众呈现出令人拍案叫绝的优秀文案。

7.4.5　预算规划，预测效果

在做完这些之后，我们要对整个文案策划及创作过程进行资源整合和预算的规划，需要尽可能地考虑到影响文案效果的每一个因素，因为细节决定成败，企业检验工作是否合格是看结果，而很少考虑过程。资源整合和预算规划能保证你制订的计划和方案顺利地进行，并可以预测到文案最终所取得的效果和影响，做到基本上心中有数，才能在文案创作这个工作和行业中稳步发展。

第 2 篇
活动策划篇

第 8 章

活动策划，揭开面纱

对于企业来说，不管是在营销方面还是在企业内部活动方面，活动策划永远是一个不可或缺的内容，一次合适的活动策划能进一步加深企业与客户之间的感情。总的来说，活动策划是营销、管理等方面的人才所必须具备的能力。

8.1 活动策划，5大优势

企业在活动策划的过程中，一般需要了解各种营销方式或推广手段的优势，并挑选出对自身产品最有利的方案，这样企业在产品推广、销售的过程中才不会走太多弯路。下面就来了解活动策划的优势。

8.1.1 抓住体验，互动传播

企业之所以进行活动策划，是因为它具有3大特点，大大地加强了互动传播的能力，如图8-1所示。

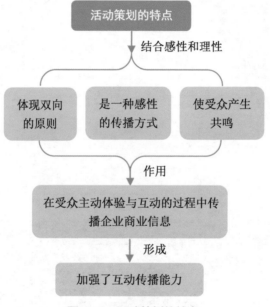

图8-1 活动策划的特点

8.1.2 自然优势，受限较少

活动策划通常很少受地理因素和时间因素的限制，当然，这并不是绝对的优势，主要是由企业自身经济情况、活动策划内容、受众群体等因素决定的。

8.1.3 快速增加，品牌影响

让受众积极参与活动，既能让受众获得物质上的收获，又能在精神层面上感到满足，这样对企业的公关有特别好的作用。活动策划一般来说都是围绕一个特定的主题进行开展的。如图8-2所示，为开展活动主题的作用。

```
                    活动主题
    ┌──────────┬──────────┬──────────┬──────────┐
 突出企业、品牌、  调动受众参与的   贴近受众的现实   满足受众自我
 产品形象        兴趣和积极性    生活和实际      价值的实现
```

图 8-2　活动主题的作用

例如，可口可乐饮料就是一个经典案例，它通过在互联网平台上进行多次策划活动，吸引受众的注意力，成为人们耳熟能详的饮料品牌。图 8-3 所示，为可口可乐鹿晗主题系列的分享活动。

图 8-3　可口可乐"一鹿有聊"分享活动

8.1.4　受众群体，范围较广

一般来说，活动策划的受众范围比较广。当然，企业在进行活动策划的过程中，还是需要按照自己用户群体的需求、特点进行策划工作，这样策划出来的活动才不会出现"冷场"的情况。

在活动开展的过程中，只要活动足够吸引人，那么企业产品的潜在用户和之前对产品不怎么感兴趣的用户也愿意主动参与到活动中去，这在无形之中为企业扩大了用户群体范围。

例如，HTC 手机品牌邀请明星张某在线下门店与粉丝交流对手机的体验，以及演示手机的各个功能，让经过手机门店的路人都纷纷上前观望。这个活动就是利用了明星的人气来吸引粉丝和其他人群。图 8-4 所示，为明星张某在 HTC 门店宣传的活动。

图8-4　明星张某在HTC门店宣传的活动

8.1.5　成本较低，效果明显

不管是在电视上还是网络上，绝大多数的广告费都是高昂的，对于那些小微企业来说，推广产品的广告费是一项比较大的负担，如图8-5所示。

图8-5　广告费缺点分析

相对来说，以活动的方式进行产品推广的成本比较低，其效果也更加明显，在活动中企业受益程度也要比"冰冷"的广告强几十倍。如图8-6所示为企业和受众在活动中能获得的好处。

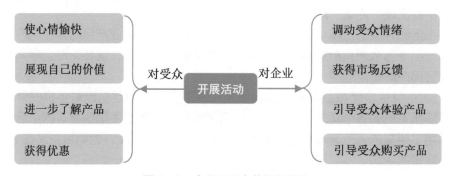

图8-6　企业和受众获得的好处

8.2　活动策划，3 大作用

活动策划的存在并不是凭空出现的，它之所以被各大企业所重视，是因为它有效地提升了企业品牌在消费者心目中的形象。下面就来进一步了解活动策划的作用。

8.2.1　调动受众，积极参与

一次好的活动策划能大大地调动受众的参与积极性，只有受众愿意参与到活动中，才能达到企业通过活动的方式向受众传播商业信息的目的。图 8-7 所示，为 B 站 UP 主"硬核的半佛仙人"为了更好地调动粉丝互动的积极性，在每期发布的视频之后，举行一个视频彩蛋环节的有奖活动。

图 8-7　彩蛋环节活动结果

对 UP 主来说，此举不仅能增加粉丝的好感和用户的黏性，更能扩大自身的影响力和名气；对用户和粉丝来讲，在活动的过程中，获得了参与互动的乐趣和体验，那些中奖的粉丝还获得了一定的收益，可谓是双赢。

8.2.2　扩大影响，增加曝光

对企业来说，一次好的活动策划就是一个提高企业品牌曝光率的有效渠道。消费者积极地参与到活动中，就会对活动中出现的所有因素产生"自主注意"意识，届时，企业在活动中注入的商业信息就不会让消费者产生厌恶的感觉，反而让他们更愿意接受，从而大大地提高了商业信息或品牌的曝光率。

图 8-8 所示，为公众号"半佛仙人"发起的点赞抽奖活动，此活动是为了感谢粉丝的阅读、分享和点赞。而且，没有关注公众号的受众也可以通过抽奖详情页面关注公众号，这样既增加了粉丝数量，也扩大了公众号的影响力和曝光率。

图 8-8　微信公众号的点赞抽奖活动

通过这样的活动，微信公众号能获得诸多收获，如图 8-9 所示。

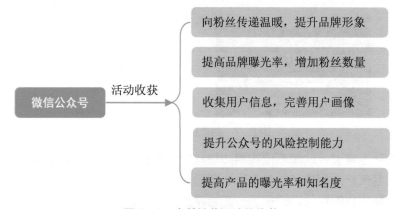

图 8-9　点赞抽奖活动的收获

8.2.3　友好互动，增进情感

一个好的活动策划并不只是对企业有好处，对于参与活动的受众来说也是益处多多，最大的好处在于能加强受众之间的联系，增进受众间的情感。人们可以通过活动和自己的亲朋好友一起分享活动的快乐，也可以在活动中结交新的朋友，活动就成了人与人之间加深感情的桥梁。

图 8-10 所示，为公众号"曾仕强"在微信公众平台举办的免费领取实体书《曾仕强经典语录》活动，通过转发专属海报到朋友圈，或私发给微信好友让他们关注公众号，累计邀请 26 人，即可免费领取最新实体书。

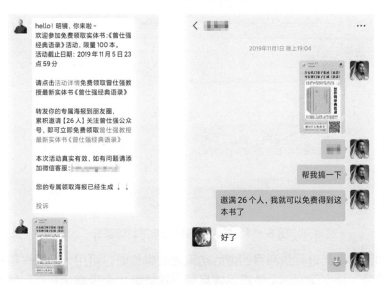

图 8-10　微信公众平台举办的免费领书活动

在活动过程中，不仅让公众号增加了粉丝量，扩大了影响力和知名度，更为参与活动的用户创造了与微信好友聊天互动的机会，加强了彼此之间的友谊和感情，也可以为了达到活动的要求去添加微信好友，扩大自己的交际圈。

8.3　活动策划，两大类型

所谓的活动策划就是一种市场策划案，它隶属于文案，但与文案之间又存在一定的区别，文案仅限于文字和图片的表达，而活动策划是一种为活动而进行的文字策划案，除了用文字、图片表达之外，还需要在实际生活中实现。

一个好的活动策划，可以进行品牌推广，提高企业声誉和市场占有率。一般来说，活动策划大致分成两类：盈利目的型、宣传推广型。

8.3.1　销售为主，宣传为辅

不管企业进行哪种营销活动，其目的都是以营利为主，所以盈利目的型活动策划被不少企业所重视。盈利目的型活动策划的目的并不单一，它具有主次分明的目的，只要运用得当，定能引起消费者的关注，勾起消费者的购买欲望。

图 8-11 所示，为盈利目的型活动策划的概况。

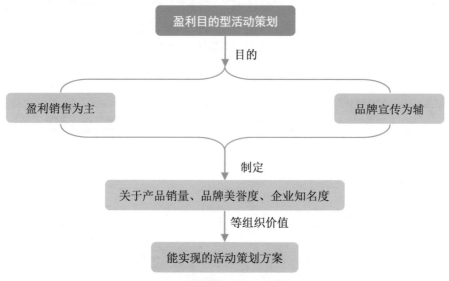

图 8-11　盈利目的型活动策划的概况

活动策划者在进行盈利目的型活动策划的操作时，可用大众感兴趣并关注的事物为主题，从侧面突出企业产品或品牌，这样能大大提高企业产品的知名度和美誉度。下面是盈利目的型活动策划的步骤，如图 8-12 所示。

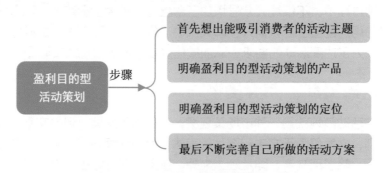

图 8-12　盈利目的型活动策划的步骤

8.3.2　宣传为主，销售为辅

有的企业比较注重品牌宣传与推广，于是就会选择宣传推广型活动策划进行操作，进一步加强企业品牌的宣传力度。宣传推广型活动策划是以品牌宣传为主，产品销售为辅。

例如，自 1995 年以来，品牌"维多利亚的秘密"每年都会举办一次内衣走秀盛会，它凭借天使面孔、魔鬼身材的模特与贴心产品的搭配，成为万众期待的宣传活动。"维多利亚的秘密"不仅在产品上抓住了女性的需求，还在视觉上给男性带来了不小的感官刺激，并且每年举办一次，这样的活动设计能为品牌造就不小的宣传力度。

常用的宣传推广型活动策划形式，如图 8-13 所示。

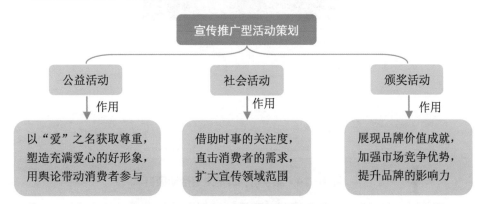

图 8-13 常用的宣传推广型活动策划形式

8.4 活动策划，相关事项

活动策划者在进行活动策划时是有步骤可循的，并不是随意设计、凭个人感觉将活动策划出来的。因此，本节将讲述活动策划的流程步骤，让活动策划者能更好地掌握活动策划的诀窍。

8.4.1 先要明确，活动目的

一般来说活动类型不同，活动目的也会随之不同。所以，活动策划者可以根据活动类型确定活动目的。下面就列举几种活动类型，来了解类型背后的活动目的。

1. 众筹型活动

众筹是如今比较火的一种营销活动，它是在特定的时间内向消费者提供新产品的性能、特色、背景等方面的信息，发起筹款活动，若筹款成功则会给筹款人赠予各种礼物。

图 8-14 所示，为某手机品牌在海外平台发起的一次众筹项目，从众筹页面详情中，我们可以看到该项目设定的众筹目标为 10 万美元。该手机号称"全球首款无孔手机"，机身采用了 Unibody 一体化陶瓷设计，全身无孔、无实体按键。但是这个项目由于未能完成众筹目标而宣告失败。

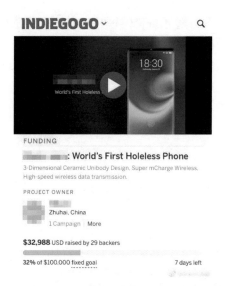

图 8-14　某手机品牌的众筹活动项目

下面我们就来了解一下众筹活动背后所映射出的活动目的，如图 8-15 所示。

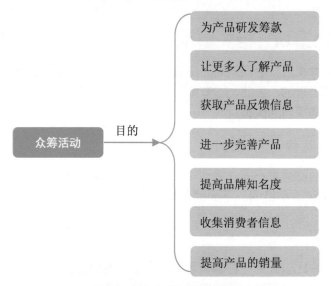

图 8-15　众筹活动的目的

2. 促销型活动

促销型活动就是指以产品促销为目的的活动类型。这类活动的策划要求其实并不高，一般在活动策划书中将以下 4 个方面的内容撰写清楚，企业管理者批准的可能性较大。促销型活动的内容为促销力度、促销背景、促销时间、促销目的。

当然，促销型活动的目的并不只是促销产品，还有其他方面的目的，如图 8-16 所示。

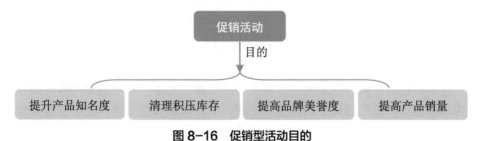

图 8-16 促销型活动目的

3. 内部型活动

一般企业还会以公司员工为受众，举办内部活动。内部活动一般分为两种，且这两种类型的活动目的也不相同，如图 8-17 所示。

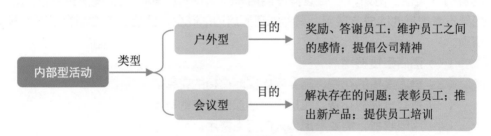

图 8-17 内部型活动的目的

8.4.2 策划活动，总体方案

企业在进行活动策划之前，需要将活动总体方案简单地策划出来，策划出一个大体的活动雏形，为后续工作提供明确方向。在进行活动策划之前，活动总体方案无须太过详细，不要花太多的时间在策划活动前的准备上，只需满足 3 个要求即可，如图 8-18 所示。

图 8-18 活动总体方案的事项

8.4.3　掌握活动，整体预算

在进行活动策划之前，活动策划者需要清楚一个活动中大概的成本花费，这样才能拟定一份资金预算给企业管理者，从而获得活动资金，然后活动策划者需要按照活动资金预算来进行整个活动的策划。

1. 估算活动成本

活动策划者在进行活动策划之前就必须估算出成本，当然活动内容不同，活动成本的估算价格和估算要素也是不同的，活动策划者拥有多年的丰富经验才能完全独自地胜任估算工作，不然就需要活动策划者在估算成本的过程中，多与其他部门的人员沟通，征集意见。

2. 细算活动成本

活动策划者估算出大致成本后，还需要进行成本细算，进一步保证活动成本花费的精准性。例如，企业准备在酒店里邀请同行的知名人士同进晚宴活动，如果不考虑其他的成本费用，只考虑在酒店内的花费，酒店成本细算有以下这些事项。

（1）酒店租赁费用。

（2）酒店桌椅的花费，需要考虑实际桌椅的花费。

（3）所有食物的花费，包括可能增加的食物的花费。

（4）用电收费，需要考虑额外的用电费用。

（5）支付清洁费用，考虑是否需要支付。

（6）请服务员的费用，考虑是否需要增加。

（7）请保安的费用。

（8）晚宴节目的费用，需要考虑增加节目的花费。

（9）酒店场景布置费用。

（10）音乐、音响等设备的费用。

（11）活动礼品的费用。

8.4.4　制定活动，工作安排

活动策划者在确定了活动目的和活动成本花费之后，就需要进行初步的活动策划，制定活动工作安排，慢慢地将活动策划成型。

1. 组织一个团队

活动策划者在进行活动策划工作之前，千万不要自己埋头苦干，不然策划出来的活动会出现不严谨的情况。活动策划者需要组织一个团队来一起完成这个活动策划，团队人数根据实际需要来确定。活动总策划者需要根据团员的性格、爱好、技能来分配任务，只有这样，在处理问题上才会有效率。

在团队中，还需要多开会议，来征求团队成员对各方面的意见和看法，以及考虑是否需要求助外援，例如，活动策划专业人士、公关公司、活动运营导演等，通过他们专业的设计来给活动添彩。

2. 构思活动工作

组建活动策划团队后就需要进行构思活动的工作了，活动构思是整个活动策划过程中的关键部分，它与活动的设计、活动的成功运行、在活动中发现的问题等方面组成策划活动的整体。在活动策划的构思中需要考虑几个问题，如图 8-19 所示。

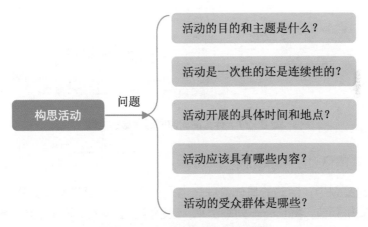

图 8-19 活动构思要考虑的问题

3. 选择活动类型

活动策划团队还需要确定好活动类型，一般都是根据活动目的来确定的，但是一个目的可以应对多种活动类型，因此就需要活动策划团队考虑以下 3 个问题，再进行活动类型的选择，如图 8-20 所示。

图 8-20 选择活动类型时考虑的问题

例如，企业的活动目的是提升品牌形象，可以选择新闻发布会型活动、促销型活动、娱乐型活动、奖励型活动、众筹型活动等；又因为活动主题需要比较严谨，即可选择新闻发布会型活动、众筹型活动；又因为企业经济能力不强，则可选择众筹型活动。

4. 预算活动时间

在策划活动的过程中，总会遇到各种各样的问题，例如很难找到合适的活动场地、难以联系合适的娱乐节目等。解决问题是需要时间的，所以，活动策划团队需要将活动策划时间整体计算出来，避免出现时间不够用的状况。活动策划团队在计算活动时间时，需要考虑以下 3 个问题，如图 8-21 所示。

图 8-21　计算活动时间时考虑的问题

8.4.5　确定活动，具体流程

在活动策划中，活动的具体流程表也是一个要点，活动策划人需要将活动当天的流程安排到位，将它一一列举出来，让领导、工作人员知道活动大概的流程，这样的活动才会更加严谨，更加容易举办成功。

8.4.6　注意活动，细节事项

众所周知，细节决定成败，所以明确活动细节是活动策划最后一个步骤，下面就来了解一下活动细节方面的知识。

1. 预留一定的时间

活动策划推动需要预留一部分时间来规避、检查活动整体准备情况，若发现问题也可用预留时间进行解决。一般来说，预留时间可为 1 ~ 3 天，在预留时间中，活动策划团队还需要检查各部门的准备状况，了解各项目的可执行能力和工作人员的心情状态等。

2. 安排客人主次名单

活动策划者需要将邀请的客人列在表格中，然后再确认客人是否能如期到达，且活动座位有前后顺序，一般需要将比较重要的客人安排到最靠前的位置，然后按客人的主次进行座位的安排。在邀请客人之前，还可以拟出两份客人名单，第一份名单是主要客人，第二份名单是次要客人，若主要客人有人不能如期达到，则立刻邀请次要客人进行补位。

3. 活动工作人员的调配

活动工作人员的调配除了需要合理之外，还需要让他们注意 4 个方面的要求，如图 8-22 所示。

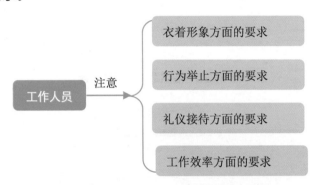

图 8-22　活动工作人员需要注意的问题

8.4.7　备用活动，紧急方案

活动策划的总方案至少要在活动开展前的 1 个月进行策划，由于无法预测活动当天会发生的事情，所以活动策划者需要作出一份备用的活动紧急方案，来应对变化带来的问题。一般来说，备用活动紧急方案与活动总方案大致相同，只是为了一些不可控制的因素而制定的方案。

例如，总方案的活动场地是在室外，活动当天可能会下雨，则可在备用方案中将活动场地改成室内或者是在室外加一个雨棚；如果在活动当天遇到情绪比较激烈的受众，则需要有应对的话术，或者聘用保安维护现场秩序等。

8.4.8　获得活动，举办评价

活动结束之后，最好制作一份评估调查问卷，向员工、参与活动的嘉宾投放，了解他们对活动的满意度，以便为以后活动策划提供思路。活动策划者在制作评估调查问卷时，需要明确评估的目的和内容。

活动策划者需要根据评估目的来制定评估内容，常见的就是对整个活动进行评估，找出活动开展过程中的优缺点，积累经验，不断完善以后的活动策划方案。一般来说，活动策划者可以针对 4 个方面进行评估，如图 8-23 所示。

以某新品发布会为例，针对活动整体效果来制作一份简单的评估调查问卷进行评估，其中评估调查问卷可以从 4 个方面进行调查，如图 8-24 所示。

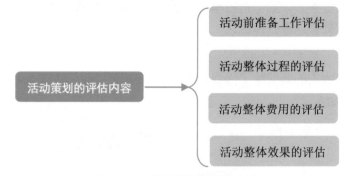

图 8-23　活动策划的评估内容

图 8-24　评估调查问卷的内容

8.5　网络优势，善用资源

18 世纪中叶，人类开始第一次科技革命，从此进入了工业时代；19 世纪中叶，人类开始了第二次科技革命，从此进入了能源时代；20 世纪 50 年代，人类开始了第三次科技革命，从此进入了信息时代。今天，随着互联网技术的不断发展，学会利用好网络媒体资源，对于活动策划来说无疑也是一场革命。

8.5.1　网络资源，数量庞大

网络是当今社会的一个重要组成部分，它改变了我们的生活方式，当然，这其中也包括活动策划。网络不仅让人的生活变得更加便捷，也为活动策划提供了许多便利，主要表现在 6 个方面，如图 8-25 所示。

据中国互联网络信息中心发布的《第 45 次中国互联网络发展状况统计报告》显示，截至 2020 年 3 月份，中国网民规模达近 9.04 亿，手机用户规模达 8.97 亿，如图 8-26 所示。

图 8-25　网络为活动提供的便利

图 8-26　互联网用户持续增加

如图 8-27 所示为暴走漫画主办的"六一红鼻子节"公益活动，旨在传播"快乐公益，喜剧慈善"的核心价值，打造持续发展的泛内容娱乐化的公益品牌。该活动以娱乐的方式提倡快乐公益，活动收入按比例捐赠给"暴漫行动公益基金"。

图 8-27　"六一红鼻子节"公益活动

因为富有创意的活动形式和公益成分的加持，"六一红鼻子节"晚会直播当晚就突破了 450 万在线播放量，受到了社会各界爱心人士的关注和参与。

8.5.2 营销活动，方便快捷

随着互联网的兴起，网络不仅为活动提供了大量的流量，还提供了众多聚集人群的社交媒体平台，许多互联网用户每天都会花一定的时间活跃在这些社交媒体平台上，而这些媒体平台更是为网络活动提供了有效渠道。媒体平台为营销活动提供的便捷之处主要表现在 3 个方面：降低成本、提供渠道、满足个性。

1. 降低成本

网络营销活动使企业产品的销售成本和上市价格能够大幅降低，为其节省了巨额的促销费用和流通费用，这也使得众多企业开始进驻网络营销领域，网络营销活动得到了大量资本的注入，也开始变得成熟和丰富起来。后入驻的企业因为有了丰富的网络营销经验作参考借鉴，其在网络营销活动的探索成本也得到了降低。

在互联网购物的大环境下，网络消费者倾向于价格低、品种全的商品，而互联网营销活动正好可以比较好地满足这两点，这也使得互联网上开展的营销活动易于被消费者接受。

2. 提供渠道

互联网还为企业的营销活动提供了丰富的营销推广平台，企业可以通过互联网上的社交媒体平台或门户网站投放营销活动广告，如图 8-28 所示。

图 8-28　社交媒体平台上的营销广告

互联网还为企业提供了便捷的销售渠道，如电商平台、微商平台，甚至企业还可以定制自己的 App，如图 8-29 所示。

3. 满足个性

面对消费者多样的个性化需求，营销活动也要提供多样的个性化服务，这样才更容易向消费者传递品牌价值和吸引消费者消费。凭借网络的强大功能，网络营销活动正好可以满足消费者多样化的需求，如面对讲究实用高效的消费者，互联网可以提供快速选购支付的途径，如图 8-30 所示。

图 8-29　互联网上丰富的营销渠道

图 8-30　快速选购支付的途径

对于注重产品评价的消费者，互联网可以提供顾客交流信息的平台，交流对该产品的体验，如图 8-31 所示。

图 8-31　顾客在评论区交流信息

8.5.3　降低成本，提高收益

互联网不仅方便了活动的进行，还降低了活动的举办成本。在如今这个以资本经济为主导的社会中，金钱的力量尤为重要。互联网对活动策划成本的降低主要表现在 3 个方面，如图 8-32 所示。

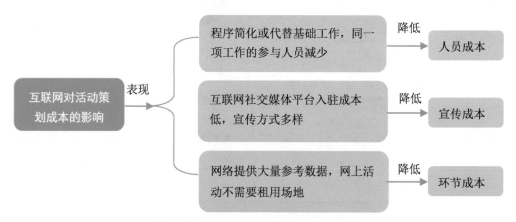

图 8-32　互联网对活动策划成本的影响

成本降低，收益就会相对提高，这是经济学中的基本原理，但互联网对活动效益的提高不仅是靠降低成本来实现，还可以从其他方面分析，如图 8-33 所示。

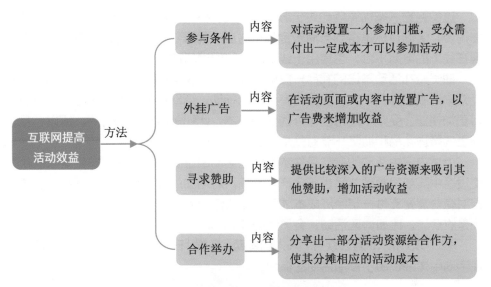

图 8-33　互联网提高活动收益的方法

8.5.4　合作方式，增加盈利

随着成本的降低，收益就会明显提高，下面就来分析互联网提高活动效益的具体表现。

1. 参与条件

活动一般都会有参与条件或要求，这是活动筛选受众的一种方法，也可以是活动盈利的一个环节，在超市中就经常可以看到用此方法来实现盈利目标的活动，如图 8-34 所示。

图 8-34　天猫超市活动宣传海报

这类购物满减优惠活动对于消费者来说，参与条件是进行满足一定金额的购物消费，活动目标是得到与消费金额相对应的优惠额度。这种形式的活动不仅出现在线上的电商平台，也常用于线下商城的促销活动中。

　　抽奖赠礼活动赠送的礼品一般价值较低，中大奖的概率也不高，因此对多数受众来说吸引力并不大。但因为有网络的辅助，活动中领取礼品和抽奖的环节变得更加便捷，受众不用付出额外的活动成本，比如领奖排队的时间。所以，互联网上的赠送礼品和抽奖环节对受众的吸引力更加明显。

　　上述内容中活动的参与条件本身就是活动的主要内容，所以多数参与受众即使没有中奖或没领到礼品也不会产生不满，对活动的参与者来说，重点是参与，但对有些需要支付一定经济成本才可参加的活动的参与者来说，重点就不是参与，而是收获了，比如讲座活动、会员活动等。

　　图8-35所示，为公众号"人人钢琴网"开展"EOP造神计划"的培训活动，在活动中详细说明了参加活动的福利。

图8-35　"EOP造神计划"活动详情

　　此类活动的实质就是在贩卖某种服务或者说某种体验，通常是受众对活动有比较深入的了解，明白自己的付出是可以得到想要的服务或体验的。互联网正好为人们的互相交流与了解提供了很好的平台，大型社交媒体平台也对提供信息的准确度和真实度有着专业的监督和管控，所以这类活动一般在各大社交平台举行，主办方也是在各大社交平台有一定公信力和口碑的组织或个人。

2. 外挂广告

有一定知名度的大型网络活动很容易吸引到大量的互联网用户，同时也很容易吸引到许多广告商。网站页面上的广告链接是十分常见的，它们通常作为网页版面的填充物嵌于网页之中，如图 8-36 所示。

图 8-36　网站主页的广告

在网页上嵌入广告，除了能给网站提供广告费的收入外，还可以帮助网页优化视觉效果，使网页看起来内容丰富。由于网页是可以跳转的，所以网页上的广告内容可以非常简短，通常只是一段文字信息或图文结合的一句广告语。

在电商平台的活动页面也经常能看到广告，但对电商活动来说，这些广告不仅有丰富页面内容填充空白栏的视觉功能，还能作为活动的补充提供一些受众可能需要但活动无法满足的服务。

图 8-37 所示，是天猫电商平台的主页，活动主页中的广告有女装促销活动、免单抢购活动等多种促销活动，让受众可以根据自己的兴趣爱好选择不同活动的产品服务内容。

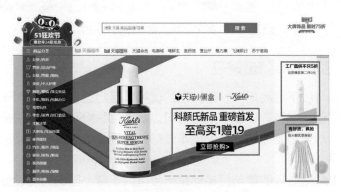

图 8-37　电商活动主页上的广告

3. 寻求赞助

寻求第三方赞助一直都是活动增加盈利的好方法，有一定知名度的活动自然是不缺第三方赞助的，这些第三方的目的是用赞助换取活动中的广告资源，活动通常利用在内容中植入赞助方的产品来达到广告目的。

4. 合作举办

对于有些活动来说，它们是不具备大的影响力的，寻求第三方赞助可能有些困难，这些活动的举办方就可以寻找同类商家，或者贩卖配套产品的商家，协商与它们联合举办活动。

图 8-38 所示，为某电商平台手机、家电品牌联合的促销活动，由多家品牌联合举办。这样的方式既可以使每个品牌不用独自承担大规模的促销活动成本，又可以丰富活动商品的种类，增加受众范围，还可以结合多家品牌的影响力来吸引受众参与活动。

图 8-38　多个品牌联合举办的促销活动

8.5.5　网络设备，创造途径

线上活动与线下活动相比，最突出的优势就是门槛低，也许对于其他方面的不足，比如宣传、引流等，线下活动也可以借助互联网平台的帮助来进行一些弥补，但线下活动无法避免地会受到成本效益、地理位置等诸多方面的限制，参与活动会不及线上便利。

因为线上活动最低的参与门槛就是一台可以正常上网的智能设备，线上活动门槛设置得如此之低，主要得益于两方面的原因，如图 8-39 所示。

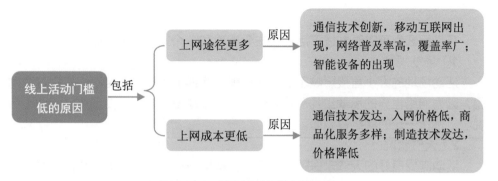

图 8-39 线上活动门槛低的原因

8.5.6 网络环境，不受限制

与线下活动相比，线上活动的限制更少，这主要是由两方面的原因导致的，如图 8-40 所示。

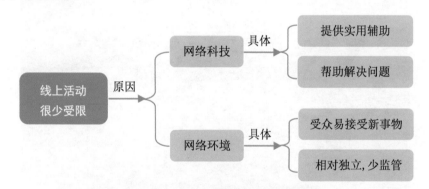

图 8-40 线上活动很少受限的原因

线上活动受到很少限制的表现，主要体现在以下 3 方面，如图 8-41 所示。

图 8-41 线上活动很少受限的体现

1．环境限制

环境因素也可以限制线下活动，主要表现在 3 个方面，具体如下。

1）场地规模

活动场地的大小直接影响了活动的规模，而线上活动就完全不必担心这个问题，因为网络世界的承载量几乎是无限大的，活动主办方只需要预先向活动平台说明，预留一定的网络资源即可。

2）天气状况

活动需要良好的天气来保障顺利进行，即便是在室内进行的活动，在面对台风、暴雨、大雪等恶劣的灾害性天气时也不得不取消。但线上活动就不用受这个限制，也不用担心不良天气影响活动受众的参与率。

图 8-42 所示，是某知名品牌公司举办的一场户外抓鱼娱乐活动，本来活动进行得很顺利，但因天气突变，被迫中止。

图 8-42　因天气而中止的线下活动

3）现场情况

活动现场的情况是线下活动关注的重点，由于现场人员复杂，不仅需要配备相关的工作人员去引导活动参与者有序地进行活动项目，还需有保洁人员保持活动会场的卫生整洁，定时进行清洁工作。

活动的现场更需要有专门的保安人员维护现场秩序，防止不法分子进入活动现场进行偷窃、滋事等。除此之外，还需要许多幕后工作者处理各种突发状况和后勤工作，只有周密的现场安排，才能保障活动顺利有序地进行，如

图 8-43 所示。

图 8-43　线下活动现场的维持秩序人员

由于线上活动可以很好地利用各种互联网技术来辅助活动进行，所以只需保证受众可以顺利地参与并完成活动即可。

2. 时间限制

时间也是制约线下活动的一个重要因素，时间因素对活动的限制主要表现在3个方面，具体如下。

1）时间习惯

线下活动要受活动场地附近人群的作息时间的限制，不能影响周围居民的正常生活。图 8-44 所示，是某商家的促销活动现场，正因为其打扰了附近居民的休息而被执法人员勒令停止活动。而线上活动就不受时间、地点的限制。

2）持续时间

如果一家商场要举行一场为期两天的促销活动，那活动的总时间并不会是48 小时，因为正如活动受众有一定的时间习惯一样，活动的工作者也有时间习惯，不可能不休息，商场也不会投入这么多成本去维持活动进行 48 小时。而线上活动就不一样了，由于线上促销活动有平台程序托管，受众不必在一天之中刻意规划出时间来参加活动，活动期间随时都可以享受到活动的优惠。

3）即时参加

线上活动的自由度要比线下活动高，参与受众不需要依据统一的时间标准去参加活动，而是可以随时参加、随时离开，这一点是线下活动目前不能实现的。

图8-44　活动因扰民而被强制终止

3. 技术限制

线下活动在技术方面的表现始终是不如线上活动丰富的，技术因素对活动的限制主要表现在3个方面，具体如下。

1）活动环节

线上活动的环节比线下活动的环节更丰富、更有表现力，因为相对于线下活动，线上活动的环节设置更简单，切换也更灵活。

图8-45所示，是淘宝电商平台的活动界面，上面显示的不同板块可以随意切换，并且效果各不相同，表现力十分丰富。

图8-45　淘宝主页的活动页面

2）资料留存

线下活动进行完之后，活动场地要清场，如果不是特别重要的活动，活动资料一般不会留存下来。但线上活动在结束之后，活动资料还会以数据的形式保存下来，方便日后查询。图8-46所示，是"手机摄影构图大全"公众号的图书出版征集照片的活动，通过这样的方式将一些作品保留下来。

图8-46 线上活动的回顾页面

3）服务能力

线上活动因为有智能化程序的辅助，所以服务能力要比线下活动强，以促销活动为例，线上促销活动的参与受众就不需要像线下促销活动那样花费额外的时间成本去排队选购和付款。

8.5.7 科技发展，提高速度

互联网强大的信息传输能力主要得益于两个方面：一是通信技术的发展，信息传播速度变快；二是计算机技术的发展，信息处理能力增强，信息传播数量变多。

线上活动相对于线下活动信息传播速度更快，主要表现在以下3个方面：信息准备快、信息更新快、信息见效快。

首先，线上活动有着在发布活动信息速度上的绝佳优势，因为线上活动发布活动信息的准备环节要比线下活动精简许多。两种活动的信息传播流程如下。

（1）线上活动：页面截图——添加链接——点击"发送"——发布完成。

（2）线下活动：现场拍照——制作商品详情文案——上传报纸、电视、广播等媒体——发布信息——发布完成。

其次，线上活动相当于全程直播，受众可以随时进入活动页面查看活动情况和最新的活动信息。而线下活动只能让受众被动地接受活动信息，并且也很难做到即时发布。

最后，线上活动信息的转化生效速度也比线下活动要快。

因为线上活动在发布信息时可以添加活动地址的链接，所以受众在接收到活动信息后如果对活动有兴趣，马上就可以通过地址链接进入活动页面，参加活动。而线下活动的受众如果不是在活动之前就准备好参加的话，一般是不会去参加活动的。

8.5.8 传播速度，影响推广

互联网对宣传推广产生了巨大的影响，网络可以让信息跨越时间和空间的限制，大大地加快了宣传推广的影响速度。活动宣传到位是决定活动成功的先决条件，对活动来说至关重要，活动信息一定要快速及时并且准确无误地传达给受众，因此活动策划者进行前期宣传工作时一定要充分利用好互联网。下面就让我们来看看互联网对活动宣传速度影响的两个方面。

1. 信息发送

信息传递的即时性一直是互联网平台相对于传统平台的一大优势，互联网对信息的即时发送，可以在第一时间将活动的信息传递给受众，这对活动的前期宣传来说是十分重要的帮助。

宣传信息的滞后一直是活动宣传最忌讳的，它会让活动宣传的效果大打折扣，因为活动的宣传工作不仅是将活动信息传递给受众就可以了，受众即使接收到了活动的信息也不一定会去参加活动，受众可能的确对活动有兴趣，但缺乏足够的动力，最后选择忽略活动。

活动宣传是需要反复向受众展示活动信息的。例如，一个人看到了某一活动的信息，并对活动产生了一些兴趣，但他缺少参加活动的动力，如果他又看到关于这个活动的信息，那他原来的想法可能会有一点动摇，反复多次，这个人就很可能想去活动现场一探究竟了。这样的宣传效果通常只有在互联网上才能实现，电视、广播是让观众被动地接受信息，不可能频繁地发送同一条信息，而报纸杂志的更新周期太长，无法实现这种宣传效果。

2. 渠道选择

互联网不仅可以让活动信息第一时间被受众接受，同时还可以让活动信息被大量受众接受。互联网给活动的宣传提供了多种多样的宣传渠道，不同的渠道有不同的受众，活动的宣传信息可以同时在这些渠道中发布。这也意味着活动可以同时对数量庞大的受众群体进行宣传工作，极大地扩大了活动的影响范围。

在这些渠道中，电商交易平台和社交媒体平台最重要。在电商交易平台上活动可以直接向有消费习惯和消费能力的受众进行宣传，非常适合促销活动的宣传。社交媒体平台也是活动宣传的一个重要阵地，社交媒体平台上的用户更愿意接受和发掘信息，也十分乐于分享信息，这是互联网上传播信息最好的地方，也是进行活动宣传的绝佳场所。社交媒体平台几乎覆盖了网络世界的每一个角落，全世界已有海量的互联网社交媒体产生和存在，如图 8-47 所示。

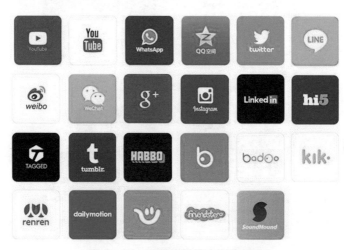

图 8-47　互联网的社交媒体平台

活动宣传信息在这些互联网社交平台发布不仅可以让大量的受众接受了解，还可能被受众主动传播到各处，起到意想不到的效果，如图 8-48 所示。

图 8-48　活动在社交媒体平台的转发传播

8.5.9 信息修改，及时生效

信息修改就是指互联网上信息修改更正可以及时生效，这是互联网提供给活动宣传十分关键的便利帮助，虽然它不经常被使用，但在关键时刻却能发挥极其重要的作用。图 8-49 所示，就是在互联网社交媒体发布的活动信息。

图 8-49　活动在社交媒体平台的发布

除了这些社交媒体平台活动配套完善、方便举办、活跃用户众多、容易吸引参与者等理由外，还有一个很重要的原因就是发布在社交媒体上的活动信息是可以即时修改的，万一发生意外，活动开始日期需要延后，在这些社交媒体平台上发布的活动开始日期信息就可以在第一时间被修改，如图 8-50 所示。

图 8-50　社交媒体平台上发布的活动延期通知

信息的修改可以让参加活动的受众第一时间知道活动开始日期延后，从而避免这些受众在原定的日期来参加活动，白跑一趟，产生不必要的误会，避免了活动主办方信誉的流失。

8.5.10　数据分析，替代经验

在信息高速传播的今天，用户的个性化需求越发明显，数据信息也越来越多。这促使企业从依靠经验驱动发展转向依靠数据驱动发展，而活动策划也需要顺应企业发展趋势，逐渐依靠数据分析进行策划。

在信息时代，数据的作用十分重要，不同行业也有不同类型的数据库，如电商平台的购销安全系统、社交平台的多端信息共享系统。购销安全系统包括以下几方面。

（1）权限控制：存取控制、身份认证。

（2）信息加／解密：表内容加／解密、记录内容加／解密、字段内容加／解密。

（3）密钥控制：密钥生产、密钥分配、密钥保护。

在变化迅速的互联网行业中，大数据的作用显得更加重要，大数据主要有大量、高速、多样、价值密度高、真实性这 5 个特点。下面就以电商促销活动为例，具体分析大数据对活动的帮助和影响，如图 8-51 所示。

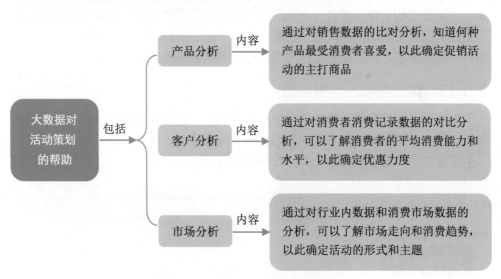

图 8-51　大数据对活动策划的帮助

8.5.11　智能技术，提高效率

智能化技术本就是从网络科技中发展出来的技术，与互联网的结合也是最容易和高效的，因此活动策划的许多工作可以由程序代为完成。这就使得活动策划团队的工作执行变得简单，执行能力得到加强。图 8-52 所示，为电商平台提供的智能客服服务。有了这些 AI（人工智能）的帮助，原本需要大量人员才能完成的活动，现在只需较少的人就能完成。

图 8-52　智能客服

从事基础工作的人员被程序或 AI 代替后，活动策划团队留下的人员都是从事无法被替代的工作，或者说在短时间内无法被代替的工作，这样互联网对活动策划团队的人员组织结构产生了影响，如此，活动策划团队中容易留下 3 种类型的人：独特技术人员、策划工作主力、综合素质强的人员。

8.5.12　突破限制，吸引流量

网络世界有着现实世界无法比拟的引流能力，这主要是因为突破地理空间限制、多样的表现形式这两方面的原因。基于网络平台，活动可以依靠互联网的强大引流优势为自身吸引流量，具体分析如图 8-53 所示。

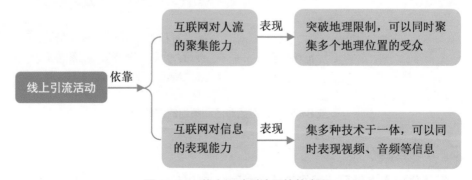

图 8-53　线上活动引流更快的表现

第 9 章

前期准备，核心要点

活动策划除了活动的目的、活动的主题需要活动策划者进行仔细考虑之外，还需要掌握活动时间的选择、地点的选择、宣传方式的选择以及设计比较紧密的流程，只有如此，才能策划出一次好的活动。本章就来讲述活动策划的前期准备与核心内容。

9.1 时间正确，成功前提

对于活动策划者来说，时间的选择是比较核心的一个部分，时间选择是否合适决定着活动策划的成功程度，下面就来进一步了解在活动策划中时间的选择。

9.1.1 恰当选择，活动时间

时间对于活动策划者来说具有非常大的作用，若时间没有选择恰当，会影响活动的举办效果；若时间选择恰当，则会成为推动活动成功的利器。下面就来了解时间在活动策划中的作用，如图 9-1 所示。

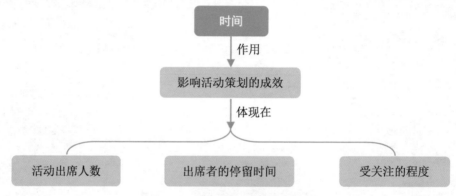

图 9-1　时间在活动策划中的作用

例如，活动时间安排在工作日的晚上，第二天出席者大多需要上早班，则会出现出席者停留时间短的情况，时间太短很难在出席者心中留下深刻的影响，活动效果也会不佳。

9.1.2 活动时间，3 个阶段

一般来说，活动时间可分为 3 个阶段，如图 9-2 所示。

图 9-2　活动时间的 3 个阶段

这 3 个阶段都需要根据两种因素进行时间的选择，如图 9-3 所示为时间 3

阶段之间的关系与确定时间的两种因素。

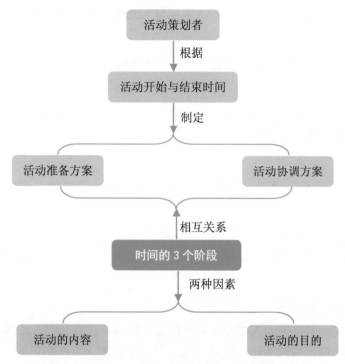

图 9-3 时间 3 阶段的关系与确定时间的两种因素

9.1.3 组织活动，考虑因素

活动策划者在制订活动计划的过程中，所需要考虑的问题有以下几点，如图 9-4 所示。

图 9-4 制订活动计划应考虑的因素

活动策划者在选择活动时间的过程中，需要考虑的其他因素如下所述。

1. 关于出席者

避开出席者工作日时间，最好选择在星期五晚上～星期天下午的时间段。

2. 关于主讲人

若主讲人是公司高管，则需要考虑主讲人的时间安排表。

3. 关于天气

天气不好会影响出席者和工作人员的情绪，且对出行有所影响，很有可能会让出席者取消出席活动的行程。

4. 关于高峰期

若在工作日举办活动，则需要避免在下班高峰期开始，例如，16:30 ～ 17:00。

5. 客人的作息时间

活动开始的时间不要太早或太晚，且进行时间不宜过长，一般控制在 1 ～ 2 小时即可。

6. 注意风俗习惯

若主要出席者是外国人或者有宗教信仰，就需要注意他们所忌讳的数字，或者考虑是否冲撞了宗教活动，例如，信奉伊斯兰教的人会在每年的 3 月 12 日举行圣会活动，若企业在这一天举办活动，那么就不可能邀请到信奉伊斯兰教的人了。

7. 选择适当的节日

活动时最好能借助节日来烘托气氛，可是像春节这样的节日，大家都希望和家人在一起过年，若是在这样的节日举办活动，是难以邀请到出席者的。

9.2　地点合适，效果更佳

地点是否合适决定着活动策划的影响效果，若在合适的地点进行活动，活动效果会非常显著；若在不合适的地点进行活动，则活动效果会大打折扣。因此，在活动策划中地点也是成功的核心要素。

9.2.1　地点选择，影响活动

地点在活动策划中是必不可少的一环，如果没有这一环，那么活动就会出现无从下手的情况，即便再好的活动，带给企业的利益也会大打折扣。因此，活动地点的选择是活动策划者需要重视的要素。下面我们就来了解地点在活动策划中的作用，如图 9-5 所示。

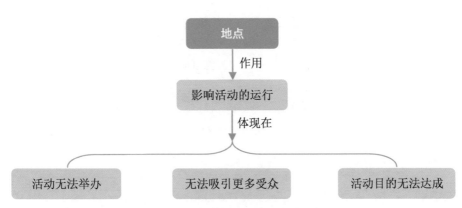

图9-5 地点在活动策划中的作用

9.2.2 根据类型，选择地点

活动策划者在进行活动地点的选择时，需要考虑的因素有很多，其中首先应考虑的因素就是根据活动类型来选择地点，如图9-6所示。

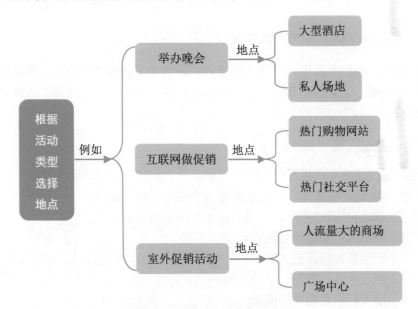

图9-6 根据活动类型选择地点

活动策划者在选择活动地点时，也需要考虑成本问题，如图9-7所示。

活动策划者在选择活动地点时，还需要考虑地址问题，应尽量选择交通便利、人流量大的地方作为活动地点。

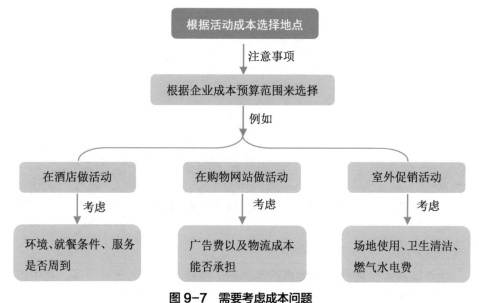

图 9-7　需要考虑成本问题

9.3　宣传方式，带领先驱

对于活动策划者来说，活动的宣传方式是活动成功的"先驱"，当宣传效果非常好的时候，活动成功率会大大提高；若宣传效果不佳，那么活动效果必然会大打折扣。

9.3.1　活动宣传，吸引人流

活动宣传的主要作用在于吸引人流量，让人们知道企业活动的存在，只有这样才能提高活动的成功率，在活动策划书中也可以将活动宣传的手段讲述出来，以提高活动策划书通过的概率。活动宣传的作用有以下几点。

（1）吸引人们积极参与活动。

（2）吸引各大媒体的关注。

（3）展示企业、产品、品牌形象。

（4）使人们接受相关的信息。

9.3.2　宣传渠道，注意问题

活动策划者在选择宣传渠道时，需要考虑其渠道是否能为活动带来最大化的效果，所以，活动策划者在选择宣传渠道时需要考虑3个问题，如图9-8所示。

活动策划者在选择活动宣传策略时，只有在宣传策略中嵌入6大特色，才会具有吸引人们注意力的作用，如图9-9所示。

图 9-8　选择宣传渠道要考虑的问题

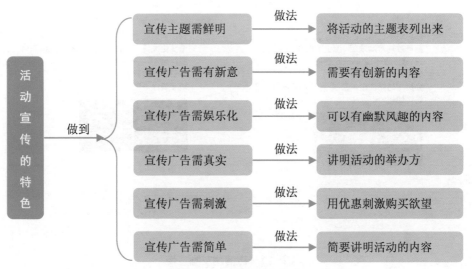

图 9-9　活动宣传的特色

9.3.3　宣传方式，多种多样

活动宣传方式多种多样，活动策划者若想在众多的宣传方式中选出一种最适合活动的方式，则需要从3个方面考虑，如图9-10所示。

除此之外，活动策划者只有对活动宣传方式有一定的了解，才能客观地加以选择，下面就来了解常见的活动宣传方式。

1. 利用微信朋友圈

有不少活动策划者喜欢将活动信息发布到微信朋友圈中进行宣传，这样既能节省一定的宣传成本，又能将自己的人脉资源都利用起来，产生一定的口碑效应，如图 9-11 所示。

图 9-10 选择宣传方式需要考虑的方面

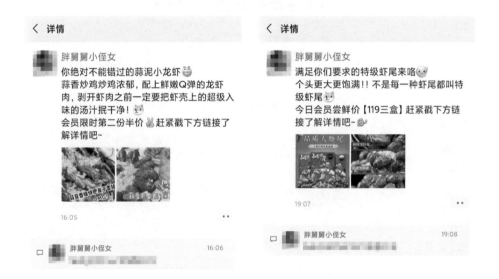

图 9-11 微信朋友圈宣传

2. 借助互联网载体

一般热门的互联网载体指的是像微博、微信、QQ、淘宝网、京东商城等网民们喜欢浏览的地方。活动策划者可以将活动宣传广告投放到这些平台上，这样比较容易获得流量。

例如，淘宝、京东这类购物网站，就需要花费一些广告费用。根据广告投放的位置不同，收取费用的方式与价格也不同，活动策划者需要根据活动成本来选择。而像微博、微信、QQ 这类社交软件，投放宣传广告有付费投放、免费投放两种。对于那些预算成本比较低的企业来说，免费投放比较实用，每款社交软件中的投放地点是不一样的，下面就以 QQ 为例，如图 9-12 所示。

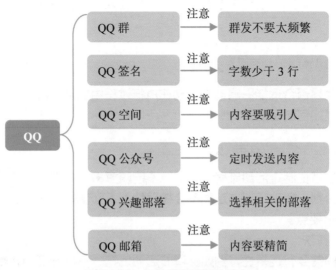

图 9-12　QQ 的免费投放地点

对于那些资金比较充足的企业，可以选择淘宝、天猫等购物平台来举办促销类的活动，如图 9-13 所示。

图 9-13　天猫首页的付费广告

3. 派发详情宣传单

活动策划者可以通过市场调查，了解人流量比较大且目标客户比较集中的地方，然后选择在此地派发宣传单，而派发宣传单的时间最好避开工作日，在上午 9:10 ～ 11:00 和下午 3:00 ～ 4:30 的时间段内发传单，其效果比较好。需要注意的是，在宣传单上一定要有 6 大要素，包括活动时间、活动地点、活动主题、活动内容、活动优惠、活动主办方。这样才能让人们更了解活动内容，从而对活动感兴趣。

9.4 活动流程，提前掌握

活动流程是否合理能影响整个活动在执行过程中的流畅度，下面就来了解活动策划流程是如何制定的。

9.4.1 制定活动，流程原则

活动策划者在制定活动流程时，千万不能随意将一些毫无关系的流程环节拼凑在一起，否则，活动策划书定然不会被采纳。下面就来了解制定活动流程时需要掌握的 4 个要点。

1）顺序有秩

前后顺序需要有逻辑性，例如：调节活动气氛——进行活动游戏——在活动中宣传产品——抽奖。

2）流程全面

将活动内容全面展现，例如：策划活动时需要将活动定位、形式、主题等方面都考虑一遍。

3）方法合适

活动操作方法要合适，例如：跨省运输活动中需要的产品，若选择错误的运输方式可能会影响活动开始的时间。

4）正确衡量

衡量活动流程的标准，例如：在运输产品的过程中，需要轻拿轻放，不然产品可能会损坏。

9.4.2 策划活动，流程要素

活动策划流程不单是指活动执行流程，还包括活动策划整体流程，将整个活动从策划到执行都结合在一起，才能策划出一次引人注意的活动。下面就来了解活动策划者在策划活动整体流程时需要考虑的因素。

1. 活动定位

活动定位包括活动目的和活动氛围，相关分析如图 9-14 所示。

2. 活动形式

活动形式要根据产品类型来考虑，相关分析如图 9-15 所示。

图9-14 活动定位的相关分析

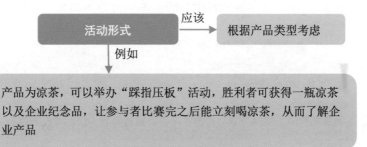

图9-15 活动形式的相关分析

3. 活动主题

活动主题要根据活动形式来决定，相关分析如图9-16所示。

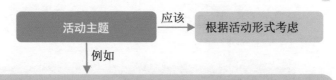

图9-16 活动主题的相关分析

4. 活动细化

活动细化指的是制定活动游戏的规则，相关分析如图9-17所示。

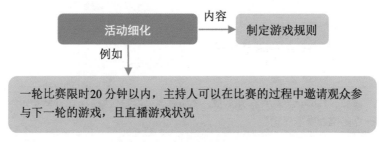

图 9-17　活动细化的相关分析

5. 工作安排

活动整体的工作安排也是十分重要的，相关分析如图 9-18 所示。

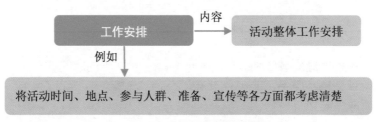

图 9-18　工作安排的相关分析

6. 宣传口号

宣传口号是活动中必不可少的一部分，一般根据活动主题来决定宣传口号，相关分析如图 9-19 所示。

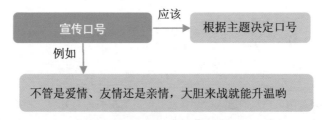

图 9-19　宣传口号的相关分析

7. 应对意外

活动中难免会出现突发状况，应对意外也是重要的工作内容之一，最好做一份备案，相关分析如图 9-20 所示。

```
┌──────────────┐   应该   ┌──────────────┐
│   应对意外    │ ───────→ │  做一份备案   │
└──────────────┘          └──────────────┘
       │ 例如
       ↓
┌──────────────────────────────────────────────┐
│ 考虑天气缘故，可以在举办活动的地方搭建一个雨棚   │
└──────────────────────────────────────────────┘
```

图 9-20　应对意外的相关分析

9.5　活动策划，实战心得

　　了解了活动策划的流程原则和活动策划的流程要素以后，下面我们就来介绍分析活动策划的案例。

9.5.1　寻找时间，挖掘活动

　　活动策划者在进行活动策划的过程中，不能直接表明活动的利益目的，通常应以传统节日或重大事件作为宣传出发点和活动理由。活动理由可以作为活动策划的推动力，这样可以大大增加活动的信服力。而想要在非传统节日和重大事件发生时举办更多活动，就需要更多有推动力的理由。下面就以 3 种常见的理由为例进行分析。

1. 合适时间

　　不管是在现实生活中，还是在互联网上，以时间为理由的活动策划是很常见的活动素材，例如，天猫的"双十一"活动，就是以一个固定时间"每年 11 月 11 日"来进行促销活动，且活动力度是消费者所期待的。如图 9-21 所示为某天猫店铺的"双十一"活动宣传广告。

图 9-21　天猫"双十一"活动宣传广告

活动策划中所指的时间并不单指日期，还可从两个方面出发，如图9-22所示。

图9-22 活动策划的时间理由

2. 时事热点

时事热点是人们最关注的话题，活动策划者可以借助热点的影响力，让自己的活动更容易受人们的欢迎。那么，哪些时事热点可以作为活动策划的素材呢？可以从3点入手，如图9-23所示。

图9-23 活动策划的热点素材

3. 产品亮点

例如，魅族17系列发布会，就是以"5G""陶瓷机身"作为产品亮点来吸引各大媒体以及粉丝的关注，如图9-24所示。

图9-24 魅族17系列新品发布会

9.5.2　活动策划，掌握规则

有一些活动策划者在进行活动策划工作时总会遇到各种问题，下面就来了解活动策划的规则，活动策划者只有掌握活动策划的规则，才能在活动策划的过程中避免一些问题的发生。

1. 确定核心主题

活动策划者在进行活动策划工作时，只需要确定一个核心主题，并围绕该主题展开活动策划，不要在一次活动中嵌入多个主题思想，这样策划出来的活动可操作性非常低，没有任何意义。一般来说，活动主题在以下 3 点的基础上才能得以确定。

（1）从企业实际状况出发。

（2）根据市场发展状况进行确定。

（3）提供目标受众所需要的内容。

2. 直明活动利益

一次好的活动策划会将对受众有利的方面直截了当地告诉受众，这样更容易让受众感受到活动的好处。例如，举办一场优惠促销活动，那么就需要在宣传的过程中，让受众了解优惠力度，这样容易激发消费者的购买欲望。

3. 把控执行能力

活动策划者在进行活动策划的过程中，需要从 3 个方面把控好活动是否具有执行能力，如图 9-25 所示。

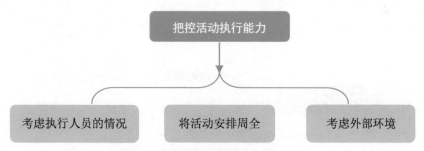

图 9-25　把控执行能力的 3 个方面

4. 转化活动类型

活动策划者千万不要只盯着一种活动类型进行策划，而应转化活动类型，这样才能学会在正确的时间运用正确的活动类型，且大大提高活动的可执行度，以及策划者的策划能力。

9.5.3 策划方案，撰写规范

活动策划者在进行活动策划的过程中，需要撰写活动策划书，下面就来了解一下活动策划书的撰写规范。

1. 活动名称的规范

一般来说，在策划书上，活动名称主要包含 3 点内容，如图 9-26 所示。

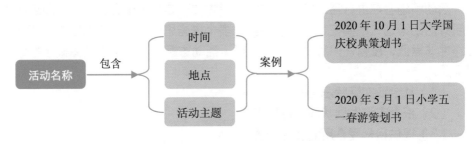

图 9-26　活动名称所包含的内容

2. 活动主题的规范

在活动策划书上一定要明确活动主题，一般来说，活动主题最好控制在 300 字以内，其中包括活动的目的、意义，要用最精简的语言，让企业管理者快速了解整个活动的核心内容。

3. 活动开展的规范

在活动策划书中，活动的内容要求包括 4 部分，如图 9-27 所示。

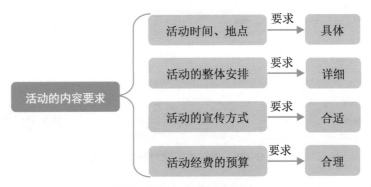

图 9-27　活动的内容要求

4. 活动要求的规范

在活动策划书的结尾部分，应详细地写出对整个活动的要求，即举办活动的注意事项，避免活动开始时出现不可控性错误。

9.5.4 开展过程，注意事项

活动策划者在进行活动策划的过程中，很容易遇到一些问题，下面就来了解一些注意事项，让活动策划者规避这些问题。

1. 确定受众对象

活动策划者在进行活动策划之前，一定要明确受众对象，并围绕活动受众的需求、喜好做好活动策划工作。

2. 确定活动阶段

一般来说，活动可分为 3 个阶段，下面我们就来详细了解这 3 个阶段的具体内容。

1）准备期

想办法激发受众的兴趣，宣传造势，促使他们产生期望。

2）执行期

调动受众积极参与，拿出活动亮点吸引受众。

3）降温期

充分向受众传达商业信息，达成活动的目的。

9.5.5 策划人员，素质培养

活动策划者在进行活动策划的过程中，需要具备以下几种素质。

1. 创新性思维

活动策划者需要具有创新性思维，这样才能让自己策划出来的活动更具亮点和特色。创新性思维有以下几个方面的作用，如图 9-28 所示。

图 9-28 创新思维的作用分析

2. 协调能力强

活动策划者可以说是整个活动的"总设计师"，这就要求他们必须具有较强的协调能力，才能与其他人员团结合作，保证活动正常进行。那么，活动策划者

的协调能力在活动中是如何体现的呢？如图 9-29 所示。

图 9-29　协调能力的 3 个体现

3. 心理素质强

对于活动策划者来说良好的心理素质是必须具备的条件之一，特别是在处理突发事件上，最能体现活动策划者的心理承受能力和应变能力。下面就来了解活动策划者在心理素质方面需要具备的要点，如图 9-30 所示。

图 9-30　心理素质要求的分析

第 10 章

活动流程，把握细节

活动的成功举办离不开一个详细的活动流程，制定好活动流程方案之后，就要来执行活动了，为了保证活动的顺利进行，就需要注意活动过程中的一些细节。本章主要讲述活动流程的具体步骤以及应注意的活动细节。

10.1 详细策划，活动流程

要想一场活动举办成功，需要制定一个详细的活动流程，那么具体有哪些步骤呢？下面笔者就带大家一起来了解制定活动流程的具体步骤，以便制定出出色的活动策划方案。

10.1.1 确定主题，围绕核心

前面我们提到过活动策划的 4 个规则，其中之一便是确定核心主题，关于如何确定活动主题，笔者讲 3 个方面：企业的实际情况、市场的发展状况、目标受众的需求。接下来笔者将详细分析这 3 个方面的原因。

1. 企业的实际情况

任何计划和方案都是依据企业的实际发展状况来制定的，包括企业的文化、企业员工人数、企业的经济实力等。

2. 市场的发展状况

市场对于活动策划者来说是一个不可忽视的因素，任何行业的发展、产品的研发、企业的商业模式都离不开市场的调研，脱离市场行情的活动策划实际就等于"闭门造车"，没有任何作用和意义。

3. 目标受众的需求

产品和服务要以市场需求为导向，而目标受众的需求就是市场需求的核心，俗话说"顾客就是上帝"，活动策划的主题必须迎合目标受众的需求才能受到大家的喜爱和期待，活动才有可能举办成功。

10.1.2 精准策划，活动内容

在进行活动策划的过程中，要想实现精准的活动策划，需要我们注意以下 3 个因素，如图 10-1 所示。

图 10-1　实现精准针对性原则的因素

10.1.3 宣传造势，活动引流

活动策划需要考虑活动宣传这一环节，一次好的活动策划，需要一个好的活动宣传来号召受众才有用。所以，活动策划的原则中才会有把握宣传性原则的出现。我们可以从 3 个方面来进行活动宣传的把握，如图 10-2 所示。

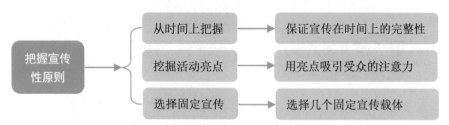

图 10-2 实现把握宣传性原则的 3 个方面

例如，某餐馆的优惠宣传活动，"关注本店微信公众号分享到朋友圈凭截图进店赠送精美凉菜"等会吸引受众进行宣传，如图 10-3 所示。

图 10-3 某餐馆的优惠宣传活动

10.1.4 多种方式，增强效果

说到活动的签到，随着科学技术的发展，签到的方式也发生了变化。根据签到载体的不同，活动签到主要有 3 种方式，即手写签到、电子签到和创意互动签到，下面分别进行介绍。

1）手写签到

这种签到方式是使用最多、最常见的一种签到方式。一般而言，手写签到主

要是提供签到本进行签到。一些大型的线下活动选择了签到墙进行签到。使用签到墙进行签到,相对于传统的签到本签到来说,具有一定的优势,如图10-4所示。

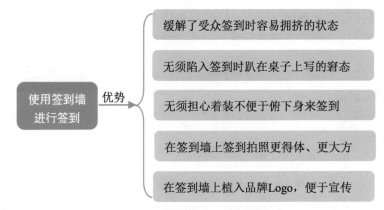

图 10-4　使用签到墙签到的优势

2)电子签到

电子签到是一种基于计算机技术、通信技术、身份识别技术和多媒体技术开发出的签到方式。相对于手写签到来说,电子签到明显更加智能化和人性化。当然,这种签到方式,其形式也是多样化的,且玩法在不断增加。其中,比较常见的是刷身份证签到、扫二维码签到、手机验证码签到等。

一些活动举办方为了增加活动的趣味性和活动签到的便利性,也推出了其他电子签到方式,如刷脸签到,这是一种利用人脸识别技术进行签到的玩法。另外,AR签到、3D签到等玩法也是基于新技术而出现的富有趣味性的签到玩法。

3)创意互动签到

相对于手写签到和电子签到而言,创意互动签到表现在创意和互动两个方面,具体分析如图 10-5 所示。

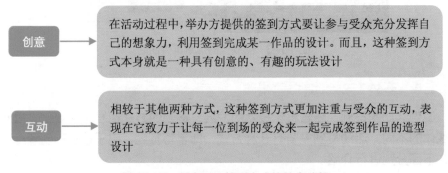

图 10-5　创意互动签到方式的特点分析

关于创意互动签到方式，具体的玩法有拍照签到、指纹签到、贴纸签到、点灯签到、唇印签到、拼图签到等。如图 10-6 所示为某活动现场的点灯签到造型展示，独家创意的签到方式在活动开场就让人感到特别新奇。

图 10-6　活动现场的点灯签到造型展示

10.1.5　介绍活动，核心内容

在活动中，关键人员发言是活动的精髓，因为一次活动的成功除了离不开一份好的策划方案，还有活动中的发言者，下面我们从几个方面了解一下关键人员发言有哪些内容，如图 10-7 所示。

图 10-7　关键人员发言的内容

10.1.6　制订计划，面面俱到

大大小小的活动有几百种，而活动中所呈现的节目也是多种多样。因此，要想举办一场好的活动，选择好的节目是至关重要的，首先可以对受众进行调研，了解受众喜欢什么样的节目，再根据受众的喜好制订节目安排计划。

娱乐节目需要制订一个详细的计划表，内容尽可能详细地包括所有相关的事宜，安排好的节目要清楚地了解每一个节目的表演内容。例如，某公司在宣传活动上邀请了一位魔术师来表演节目，而这次活动的策划者没有见过这位魔术师的表演。在活动开始前，活动策划人在进行场地检查时发现一些类似刀具、铁制用器等危险物品堆放在角落里，他马上吩咐工作人员将这些东西清理掉了。等到活动开始，魔术师准备上场时结果却发现自己的道具不见了，节目演出只能推迟。而推迟节目带来的影响是让原本满怀期待的受众大失所望，这样不仅没有使活动获得好的宣传效果，反而造成了不好的影响。

活动策划者还需对节目制定严格的要求，确保每一位表演者都能执行到位，并且每一个节目都要有具体的时间和特点。

10.1.7 根据特点，优化选择

产品是指提供给市场且能让消费者使用的东西，它包括实体物资产品、理念产品、服务产品等，消费者从市场上购买自己所需的产品，商家就靠卖产品来收取盈利，如果想要获取更多的盈利就必须满足消费者的需求。

每家企业都有自己的产品，商家通过活动宣传才能更好地将自己的产品推销出去，那么在活动上应该怎样对自己的产品进行介绍呢？不同公司的产品各不相同，所以就要根据产品的用途、特点、功能等进行介绍。

如图10-8所示是某汽车公司的产品发布会活动，在活动现场展示自己的新产品汽车，并在展示过程对产品的特点功能进行介绍。

图10-8 某汽车公司的产品发布会活动

10.1.8 总结活动，答谢来宾

活动主持人最后一次上台发言说明活动已经接近尾声，所以这一次发言也是十分重要的，可以对整体过程进行总结以及感谢来宾的参与。如图 10-9 所示是在某公司产品的宣传活动上，主持人向来宾发表感谢致辞。

图 10-9　主持人对来宾发表感谢致辞

10.1.9　活动落幕，收尾清理

活动结束并不代表所有的工作都已经完成了，还需要进行一些收尾工作，如清理场地、打扫卫生等。如图 10-10 所示为工作人员在活动结束后清理场地。

图 10-10　工作人员在清理场地

收尾工作完成后才能代表整场活动已经完美落幕，有始有终也是活动中的一大要点，要保证每一步都落实到位，所以即使活动结束也不能忽视收尾工作。

10.1.10　总结经验，开展议会

活动策划者需要了解整场活动是否是按照活动计划开展进行的，在举办活动

时会有一些突发事故，所以需要总结经验，面对活动中发生的意外回想一下是怎样进行处理的，将活动的过程和体会记录下来。

另外，除了要收集来宾的建议和评价，一般来说，活动组织者还会召集相关人员对活动进行总结，既可以是类似于庆功会的晚会，也可以是全程发言式的会议，如图 10-11 所示。

图 10-11 零售商大会暨购物节活动总结会

10.2 活动秩序，注意事项

无论是线上还是线下，每一次活动的成功开展都是建立在众多准备工作基础上的。而做好准备工作后，接下来就需要很好地执行计划了。要确保活动可以正常地进行，就需要在活动过程中维护好活动秩序。所以，接下来笔者将从落实活动、维护秩序和节奏控制等细节方面，详细介绍怎样为活动秩序保驾护航。

10.2.1 落实活动，顺畅无误

活动进行的时候，并不意味着活动策划者就可以高枕无忧地休息了，活动策划者的工作应当贯穿整个活动的始终，只要活动没有结束，活动策划者就应关注或参与活动现场工作。活动流程表是在活动筹备期间就制作完成的，但是在活动进行的时候，还需要再次确认一遍，确认现场工作人员都了解活动流程，都熟悉自己的工作职责是什么，都知道相关人员的任务是什么。

每一场活动都是现场直播，即使出了差错也无法重新开始，因此确认活动流程表是在活动进行前确保活动顺利进行的最后一道屏障，所以活动策划者对这一工作必须确保落实。一些大型的现场活动，甚至会在活动开始前进行数次彩排预演来确保活动流程的顺畅无误，如图 10-12 所示。

图 10-12　周年庆晚会活动的彩排现场

10.2.2　确保活动，进行顺利

　　活动现场失控是十分严重的问题，它会导致活动无法正常进行，即使是在网络上进行的活动，也难以避免这个问题，如图 10-13 所示。

图 10-13　服务器崩溃的活动页面

　　因为大量的流量在同一时间段点击活动网站，导致服务器无法承受而崩溃。前几年的"双十一"活动，到了零点抢单时系统也经常崩溃，因为购物的消费者太多了。因此，在活动进行时，活动策划者及其团队必须对活动失控问题严加防范。

　　特别是在线下，大型活动的失序往往会产生比较大的影响。同时，活动策划者也应该注意到，通常大型线下活动的失控并不是由大量的人群造成的，因为活动现场都有负责引导的人员和措施，引起现场混乱的往往是活动现场的不安定因素，比如人群中的情绪不稳定者无端生事或现场设施发生意外而引起人群的恐慌。

　　所以，我们必须全面监控活动现场，及时排除影响稳定的因素；定时巡逻检查设施，实时确保活动现场的安全。

10.2.3 优秀主持，活动添彩

在活动的流程控制中，主持人的作用是至关重要的，因此要发挥主持人的作用来进行活动流程控制。一般来说，主持人在活动现场扮演着十分重要的角色，如果说活动策划者是幕后的规划者，那么主持人就是台前的指挥者。优秀的主持人能为活动增色添彩，合格的主持人能引导活动顺利进行，拙劣的主持人则会使活动毁于一旦。图 10-14 所示为主持人对活动作用的相关分析。

图 10-14　主持人在活动中的作用

由此可见，主持人对活动的顺利进行起着不可替代的作用，所以活动策划团队在决定主持人选时，一定要严格要求，注意人选的职业素养。如果没有一个各方面技能都很突出的人选，也可以选择两人主持或多人主持，形成优势互补。

10.2.4 分配人员，分流引导

大型活动的参与人数是非常多的，太多的人聚集在一起容易引发诸多问题，这些问题常常会影响活动的顺利进行，所以活动进行时，活动策划者应将人员的引导分流问题妥善解决。

不管是在线上活动还是线下活动中，引导参与人员有秩序地参与活动是十分重要的工作。通常来说，最常见的就是引导参与者排队或引导参与者配合活动。此外，还要在活动现场的主要通道放置广告牌和贴挂宣传标语引导受众接受宣传等被动引导，如图 10-15 所示。

图 10-15　放置在主要通道上的引导牌和广告牌

10.2.5 精美拍摄，锦上添花

在线下活动中，安排摄影环节和完成摄影任务是必不可少的，因为线下活动中的摄影环节所留下的照片不仅可以作为活动参与者和举办方的留念，它们还是后期宣传过程中必备的宣传资料。图 10-16 所示为某次宣传活动现场拍摄的照片。

图 10-16 某活动现场拍摄的照片

那么，在线下活动的过程中，活动策划者应该做好哪些安排工作，从而确保活动现场的摄影工作符合参与受众的预期呢？在笔者看来，活动过程中的摄影安排主要在于确定拍摄的内容。线下活动要拍摄的内容主要包括 4 个方面，如图 10-17 所示。

活动现场环境	关于活动现场环境，拍摄内容关键在于助力宣传的用于营造活动气氛的各种布置和表现活动现场氛围的场景，如现场横幅标语、装饰用的气球和现场热闹而隆重的场面等
嘉宾与参与受众入场情况	一般而言，活动现场门口会安排专门的拍摄设备拍摄入场情况，特别是一些重要的嘉宾入场。另外，还应安排人拍摄参与者入场的登记场面
活动过程中的各个重要场景	嘉宾和参与者入场后，接下来的拍摄工作就是把活动过程中具有代表性的片段拍摄下来，如活动开幕式、重要人物发言、参与者交谈场景、颁奖仪式、活动闭幕式等

图 10-17 线下活动要拍摄的主要内容

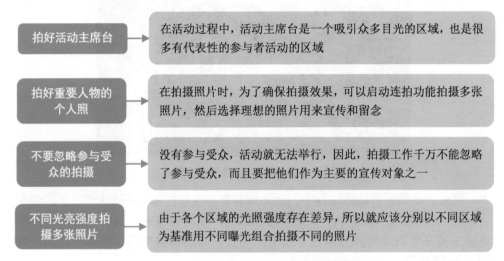

| 活动集体照 | 拍摄活动集体照是活动过程中必须做的工作,它对宣传活动和提升活动黏性都具有重要作用。活动集体照包括主要嘉宾集体照、获奖者集体照、活动工作人员集体照等 |

图 10-17　线下活动要拍摄的主要内容(续)

在拍摄过程中,要想确保拍摄内容能满足宣传需要,应注意 4 个方面的问题,如图 10-18 所示。

拍好活动主席台	在活动过程中,活动主席台是一个吸引众多目光的区域,也是很多有代表性的参与者活动的区域
拍好重要人物的个人照	在拍摄照片时,为了确保拍摄效果,可以启动连拍功能拍摄多张照片,然后选择理想的照片用来宣传和留念
不要忽略参与受众的拍摄	没有参与受众,活动就无法举行,因此,拍摄工作千万不能忽略了参与受众,而且要把他们作为主要的宣传对象之一
不同光亮强度拍摄多张照片	由于各个区域的光照强度存在差异,所以就应该分别以不同区域为基准用不同曝光组合拍摄不同的照片

图 10-18　拍摄内容满足宣传需要应注意的问题

其实,要做好拍摄工作,除了在活动过程中做好活动摄影安排,还应该在活动开始前与摄影师进行沟通,让他们了解活动流程和基本情况,了解活动中的拍摄需要达到什么目的,然后再制定具体的活动拍摄方案。

10.2.6　随时调控,活动环节

面对活动的参与嘉宾与受众,活动策划者除了应该做好引导受众参与到活动的各个环节中,还应该做好核对参与嘉宾与受众的工作。特别是一些线下室内活动,出于活动场地大小、活动安全等方面因素的考虑,需要让选定的活动嘉宾和受众参与活动,一般需要设置签到环节,以便进行核对。如图 10-19 所示为某活动现场的签到场景。

虽然在活动策划环节和活动准备过程中就对参与活动的嘉宾进行了安排,也确认了他们是否能如约而至,但是,最终的嘉宾到场情况还需要根据签到情况来决定。因为通过电话、信息等途径确认能如期到场的嘉宾,可能会因为发生各种意外而无法参加。

图10-19　某活动现场的签到场景

了解了嘉宾的签到情况后，如果有重要嘉宾无法参加或不能准时到达，就应该作出合理的安排，按照突发状况来处理，让活动能有序地进行下去。例如，对因某种原因而无法如期参加的嘉宾，如果可以调整出场顺序，就把与之相关的环节放到后面进行；如果不能调整顺序，那可以与活动举办方协商，安排其他嘉宾参与进来，也可以让无法按时前来的嘉宾推荐合适的承担该环节的人选。当然，如果该活动环节并不是不可缺少的，那就可以考虑删除该活动环节。

10.2.7　确认受众，提供参考

普通的参与受众可分为两种：一种是开放性活动的参与受众，另一种是非开放性活动的参与受众。针对开放性活动的参与受众，其签到的作用是确定参与人数及活动规模，为后期活动总结和复盘提供数据参考。

针对非开放性活动的参与受众，其签到的作用是通过受众的到场率，检验前期宣传的效果和策划活动的吸引力；还可以方便现场管理和接待工作的进行，并为后续的活动安排提供参考依据。

10.2.8　相互沟通，避免疏漏

沟通在活动中十分关键，工作人员的工作是紧密相连的，只有他们之间有效配合才能确保活动的顺利进行。俗话说"人多手杂"，众多的人员同时工作难免出现疏漏。如果出现了疏漏，工作人员之间还不能相互沟通解决，那么漏洞就会越来越多、越来越大，最后影响活动的正常进行。

由此可见，确保活动工作人员之间沟通的顺畅十分重要，要做到确保沟通顺畅可以从两方面入手：一是确认各相关工作人员之间有通畅的沟通渠道，二是确定统筹活动工作信息管理的人员或团队。

10.2.9　营造紧迫，快速成交

线上促销活动在安排促销方案时，可分3个时段来有效吸引顾客，实现促销目标。关于该促销活动的3个时段，具体介绍如下。

1）开始时段

为了有效吸引顾客，商家在开始时段应推出优惠力度比较大的打折活动。当然，可以通过限制活动时间来实现这一目标，特别是比较常见的、形成紧迫感的限时优惠活动，能刺激消费者快速下单，如图10-20所示。

图10-20　限时优惠活动

2）中间时段

经过前期力度较大的优惠活动后，产品吸引了很多消费者的关注。此时，活动策划者应该安排比较平稳的优惠活动，也就是此次活动策划的预定优惠力度。在这一时段访问的消费者，一般是一些更看重产品本身的消费者，只要产品优质，性价比不错，消费者就会下单。因此该时段的优惠节奏明显放缓。

3）结束时段

在促销活动中，一般都会存在一些虽然加入了购物车但没有付款的消费者，此时商家要做的就是让这些消费者付款，完成交易。商家在活动将要结束的时段，其安排的促销活动节奏应该是比较快的，但仍然要稍微慢于开始阶段，同时应该加强消费者对活动节奏的感知，如提醒消费者产品将要恢复原价，想要的迅速购买。

10.2.10　控制时间，加深印象

说到小说的情节，大家都知道包括4个部分，即开端、发展、高潮、结尾。其实活动也是如此，它主要可分为5个时间点，即开幕、渐强、高潮、渐弱、落幕。其中，开幕、高潮和落幕是活动过程中应该重点把握的3个时间点。

而这些时间点的划分，主要是基于受众的注意力而言的。关于人的注意力，

可分为 4 种，即视觉主动注意力、视觉被动注意力、听觉主动注意力和听觉被动注意力，具体分析如图 10-21 所示。

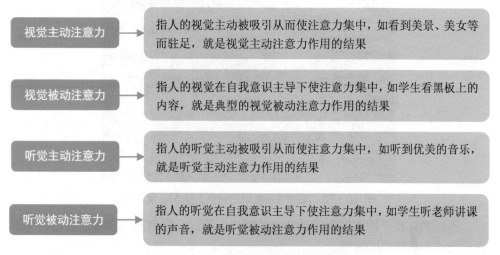

图 10-21 对视觉与听觉注意力的分析

由图 10-21 可知，抛开视觉与听觉这两种不同的感官分类，人的注意力可分为主动注意力和被动注意力。人的注意力在活动过程中的曲线变化，就构成了活动的不同时间点。从大的循环上来看，人的注意力包括两个从被动注意力转化为主动注意力的过程。正是这两个转化过程的注意力的变化，构成了活动过程的时间点的划分。

综上所述，活动进行过程中应该控制时间点的节奏，在开幕、高潮、落幕这 3 个时间点上，安排一些能吸引受众注意力的活动节目，这样才能让活动举办成功。例如，很多线下活动，一般在开幕时会有精彩的节目表演、领导致辞等，高潮部分会有重要产品、明星人物亮相等，落幕部分会有抽奖、压轴节目等，这些都是通过对时间点进行控制，合理地安排节目顺序的表现。

10.2.11 渲染氛围，调动情绪

说到气氛点，开始时大家可能觉得很抽象，然而如果提到一个与气氛点相关的概念，如背景音乐，就会瞬间明白气氛点是什么，也就会明白活动中应该如何控制气氛点。如图 10-22 所示为电影《不能说的秘密》搭配背景音乐的示例。

如图 10-22 所示的电影《不能说的秘密》片段，正是男主人公和女主人公两人在屋檐下一起躲雨的情景，搭配的背景音乐是同名歌曲《不能说的秘密》，特别是那句"最美的不是下雨天，是曾与你躲过雨的屋檐"的经典歌词，最能调动受众情绪，与受众产生情感共鸣。

图 10-22　电影《不能说的秘密》搭配背景音乐

音乐确实是一种很好地调动情绪的媒介。因此，笔者就围绕背景音乐，举例说明活动中气氛点的控制。

1. 药店促销活动

在促销活动中要使用合适的背景音乐来让消费者感到愉悦，就需要让背景音乐的旋律与消费者听觉器官所感受到的节奏相吻合。那么，药店应该如何设置背景音乐，才能很好地控制活动的气氛点呢？下面将从音乐类型的选择和不同时段的音乐选择两个方面来介绍药店促销活动的背景音乐安排。

1）选择合适的音乐类型

对于药店而言，背景音乐的选择首先应该遵循选择促销活动的音乐类型原则，具体如图 10-23 所示。

不可播放伤感的音乐	一方面伤感的音乐容易触发消费者内心的伤感情绪，容易让他们失神，对店内工作人员向他们进行促销宣传是不利的；另一方面，进入药店的一些消费者本身就处于烦恼、伤感等情绪状态，在伤感音乐充斥的环境下，更容易受到影响，最终可能会影响店内促销活动的效果
不可播放喧腾的音乐	药店是一个性质比较特殊的经营场所，喧腾的音乐不符合店内气氛，它可能会让消费者原本感觉烦恼的心情变得更加糟糕，同时这样的音乐很可能使店内工作人员无法进入工作状态

图 10-23　药店促销活动背景音乐的选择原则

2）不同时段选择不同的音乐

活动策划者在控制气氛点的时候，还应该根据活动参与者所处的具体环境来选择背景音乐，以便更好地把握好受众的气氛点。以一天为一个活动周期为例，其气氛点的节奏控制，如图 10-24 所示。

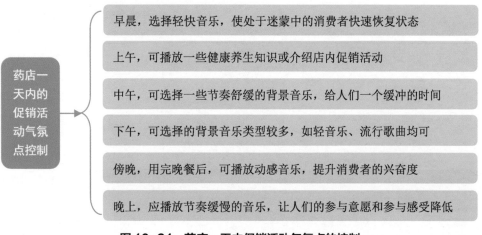

药店一天内的促销活动气氛点控制

早晨，选择轻快音乐，使处于迷蒙中的消费者快速恢复状态

上午，可播放一些健康养生知识或介绍店内促销活动

中午，可选择一些节奏舒缓的背景音乐，给人们一个缓冲的时间

下午，可选择的背景音乐类型较多，如轻音乐、流行歌曲均可

傍晚，用完晚餐后，可播放动感音乐，提升消费者的兴奋度

晚上，应播放节奏缓慢的音乐，让人们的参与意愿和参与感受降低

图 10-24 药店一天内促销活动气氛点的控制

2. 婚礼活动

相对于上文介绍的药店来说，婚礼活动现场的音乐在气氛点的控制上具有更重要的作用。因此，活动过程中各环节的背景音乐应该做好搭配，从而能很好地烘托气氛和衔接各个环节。关于婚礼各环节背景音乐类型的选择，如图 10-25 所示。

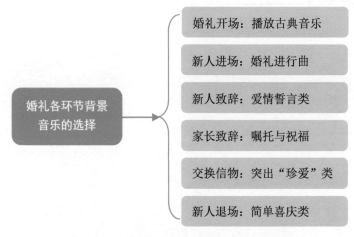

婚礼各环节背景音乐的选择

婚礼开场：播放古典音乐

新人进场：婚礼进行曲

新人致辞：爱情誓言类

家长致辞：嘱托与祝福

交换信物：突出"珍爱"类

新人退场：简单喜庆类

图 10-25 婚礼各环节背景音乐类型的选择

当然，在策划活动的过程中，为了让受众的记忆点更加深刻，还应该注意一点，那就是在宣传活动的执行过程中，突出活动主题，强化宣传重点，弱化次要特点。

其实，除了突出活动主题、宣传产品重点外，活动策划者还可以通过活动包装来营造记忆点，特别是将活动与时事热点相结合，更能让人印象深刻。

第 11 章

后续工作，总结复盘

活动结束，并不表示与活动相关的工作已全部结束，只有做好后续的相关工作，才有利于大家了解活动，认识到活动的具体成果。本章将从清场收尾、总结复盘、各方面评估和活动资料的存档这4个方面，详细介绍活动结束后应该做好的工作。

11.1 活动结束，清场收尾

在活动的策划与执行中，活动结束并不表示活动策划者的所有工作都已经做完了，因为此时他们还需要进行清场收尾工作。所谓清场，指的是清点现场，清退所有在活动现场的人员。所谓收尾，即做完活动的最后部分工作。具体来说，活动结束后的清场收尾工作主要包括以下几方面内容。

11.1.1 疏散人群，安排退场

这里的人群主要是指参与活动的嘉宾和受众。那么，对于这类人群，活动策划者应该如何合理地进行疏散呢？其实，与活动入场有类似之处，就是要求活动策划者安排好退场秩序和退场方式等。

1）退场秩序

活动策划者应该在活动将要结束时就做好嘉宾和受众退场的准备工作，安排相应人员引导他们退场。对一些重要的嘉宾和受众，活动举办方和活动策划者还应该予以特别关照，提升他们参与活动的体验，为活动的后续宣传工作和树立口碑奠定基础。

特别是在促销活动中，对于那些大订单受众和有实力的潜在目标受众，应该在建立好关系的基础上，做好送客工作，以便让受众第二次或多次回购。

2）退场方式

在疏散人群时，还有一项工作也要做好，那就是安排好受众退场的方式，特别是当活动现场处于交通不太便利的地方时，更要安排好交通工具，让活动参与受众能轻松、有序地离场。

11.1.2 清点物料，统计核对

活动结束后的清点物料主要是指对需要回收的物料进行清点。从物料类型来说，包括搭建活动现场的物料和活动物料。前者如LED显示屏、舞台搭建、音响等，后者如抽奖箱、抽奖券、礼品等。

其实活动物料有很多，从其作用来看，主要包括4类，具体如下所述。

（1）舞台装饰物料：如舞台桁架、背景板、帐篷、签到桌、鲜花绿植等。

（2）现场包装物料：如彩虹门、高空气球、功能区导示牌、警示牌、花篮等。

（3）销售产品物料：如收据、销售合同、促销宣传册、手提袋、价目表等。

（4）活动必备物料：如邀请函、抽奖机、奖品、饮用水、一次性水杯等。

那么，在清点物料时，活动策划者应该从哪些方面着手呢？一般来说包括3个方面，如图11-1所示。

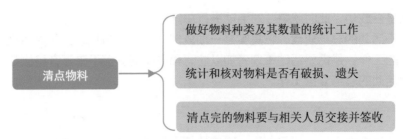

图 11-1 清点物料要做的工作

11.1.3 清理垃圾，保持清洁

在活动策划与执行工作中，除了应该对需要回收的物料进行清点，以免遗失外，还应该对不需要回收的物料进行清理，作为垃圾运到相应的地方，确保活动现场结束后的干净整洁。

在活动现场清理垃圾时，活动策划者要注意把握时间，因为活动场地的使用是有时间限制的，它要求必须在一定时间内撤场，因此在清点完需要回收的物料后，就需要立刻进行垃圾清理，快速离场。

专家提醒

对活动举办方和活动策划者来说，还应该与活动场地的所有者做好交接工作，核对无误后收回押金。

活动现场的人员除了活动受众外，还包括活动相关工作人员。对这些人员，也应该做好清退工作。换句话说，对外聘的人员应该按照规定结算好工资后清场，对非外聘人员也应该按照规定做好善后工作，如工作证件的回收、出入证的回收等。

专家提醒

特别是对一些在异地举办的活动，活动策划者应该在撤离时清点活动相关工作人员，以免发生部分或个别人员被留在活动现场的情况。

11.2 总结复盘，吸取经验

完成活动现场的相关清场收尾工作后，活动的执行可以暂时告一段落。但是对于整个活动的成果，活动策划者和活动举办方都迫切希望有一个定论，以便衡量活动是否成功，此时就需要对活动进行总结复盘。

关于活动的总结复盘，它其实是一项既能衡量活动价值，又能为后续活动提供参考的工作，是需要活动策划者加以注意和重视的。接下来笔者将从 3 个方面来介绍活动的总结复盘工作。

11.2.1 收集评价，活动评估

活动结束之后，最好是制作一张评估调查问卷，向员工、参与活动的受众投放，了解他们对活动的满意度，以便为以后的活动策划提供思路。活动策划者在制作评估调查问卷时需要明确两点，即评估的目的和评估的内容。

活动策划者需要根据评估目的来确定评估内容的制定，常见的就是对整个活动进行评估，找出活动整体过程中的优缺点，积累经验，以便让以后的活动策划更加完善。一般来说活动策划者可以针对 4 个方面进行评估，如图 11-2 所示。

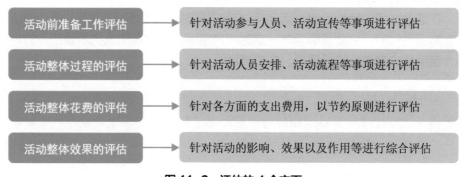

活动前准备工作评估	针对活动参与人员、活动宣传等事项进行评估
活动整体过程的评估	针对活动人员安排、活动流程等事项进行评估
活动整体花费的评估	针对各方面的支出费用，以节约原则进行评估
活动整体效果的评估	针对活动的影响、效果以及作用等进行综合评估

图 11-2 评估的 4 个方面

专家提醒

值得注意的是，评估调查问卷中的内容不要太长，应尽量简短，且评估调查问卷需要根据活动内容来制定。

11.2.2 召开会议，活动总结

活动结束后，除了要收集来宾的感受和评价以外，一般来说活动组织者还应召集相关人员对活动进行总结。但是，无论是什么性质和规模的活动总结会议，都离不开 3 个方面的内容：对相关人员的奖惩、对活动相关事项的总结和对活动进行复盘。笔者接下来主要介绍前面两个方面的内容，具体如下所述。

1. 对相关人员的奖惩

在具体的活动策划和执行过程中，活动团队中个人和小组的表现是会存在差别的，因此有必要对其中有突出表现的个人和小组进行表扬，鼓励他们再接再厉；对一些表现不好的个人和小组可以进行简单批评，希望他们在以后的工作中加以改进。这样的话，才能充分调动活动团队的工作积极性，同时也有利于帮助大家进步。

2. 对活动相关事项的总结

一次完整的活动是由多个流程组成的，每个流程都有其相应要完成的事项。对于这些事项，在活动总结会上有必要进行讨论和总结，让大家充分发表意见，以找出问题和解决的办法，同时总结好的经验，为以后的活动策划和执行提供借鉴。一般来说，对活动相关事项的总结应该包括以下几项内容，如图 11-3 所示。

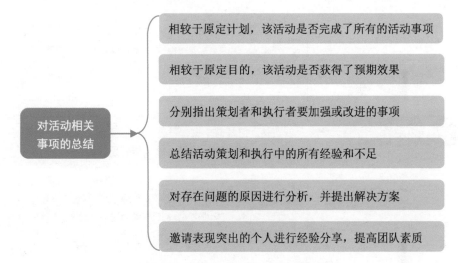

图 11-3 活动相关事项的总结内容分析

专家提醒

活动策划者和执行者要注意的是，活动总结会的各项数据和结果都是基于活动的整体效果而言的，是对活动的粗略评价。要想更深入地了解活动的结果，还需要对活动相关事项进行更详细的评估。

当然，在活动总结会上让活动相关人员充分发言，并不是让大家推诿责任，把活动中存在的问题和不足的原因推给对方，而是需要活动相关人员从自身角度出发，进行深入沟通，不断地找出问题的解决办法和完善的方案。

特别是对存在争议的问题，需要清楚地明白问题的根本原因，然后逐一解决，为日后开展相关活动能更加顺利和取得更满意的效果提供指导。

11.2.3 对活动进行复盘

对活动进行复盘推演有助于活动策划者和运营者发现难以注意到或是容易被忽略的细节问题，可以及时地完善和更新活动策划者和运营者的活动处理经验和技能。

可见，活动复盘与上述内容中对活动相关事项的总结是不同的，对活动相关事项进行总结，重在从整体上进行总结，重视综合评价；而活动复盘重在从细节上进行把控，一步步还原活动，从中寻找不足和问题，从而为下次活动提供经验。

那么，在对活动进行复盘时应该如何找准复盘的重点，以便做好复盘工作呢？具体来说活动复盘的重点有 3 个，如图 11-4 所示。

活动复盘的 3 个重点	寻找闪光点，例如某一活动中的流程框架和相互合作做得很好，就应该让其延续下去，在日后活动中能继续利用
	寻找不足之处，例如某一活动中虽然准备了足够的宣传素材，但是前期宣传做得并不是很好，效果不理想，就应该加以改进，使日后的宣传效果能提升
	寻找可提升的环节，例如虽然活动展示海报还算不错，但是加上一些创意元素其效果会更好，这样可能会对提升活动的整体效果产生影响

图 11-4 活动复盘的 3 个重点

确定了活动复盘的重点后，就需要参与活动策划和执行的所有相关人员进行讨论，也就是说，应该从工作人员、嘉宾和受众等视角来对活动进行复盘，具体内容如下所述。

1）工作人员

例如：哪些活动环节让你觉得很有成就感？哪些活动环节让你感到惋惜和遗憾？哪些活动环节让你觉得还可以进一步提升？

2）嘉宾

例如：哪些活动环节做得很好应该保留？哪些活动环节做得不好应该改善？哪些活动环节做得一般应该重新定义？

3）受众

例如：哪些活动环节让你印象深刻？哪些活动环节让你想要退场？哪些活动环节让你有还可以更好的想法？

11.3　活动评估，调查分析

活动评估是对活动的相关数据和情况进行调查与分析，从而对活动进行总体评价的过程。对活动策划者和执行者来说，做好活动评估有很多作用，如积累活动经验、减少活动过程中可能产生的浪费等。通过这些最终实现活动举办方和活动参与方效益的最大化。

本节将从活动的结果出发，对活动的各个评估方面进行介绍，包括活动效果评估、活动影响力评估、活动成本评估和活动时间评估。

11.3.1　活动效果，质量评估

前面笔者讲过，活动举办的根本目的既可以是宣传，也可以是营利。其实，活动效果评估就是围绕活动根本目的而展开的。从内容来看，活动的效果评估主要包括 3 个方面，具体分析如下。

1. 活动预期目标是否达成

对活动的发起方来说，他们所关注的是活动是否能实现预期目标。也就是说，如果是以宣传为目的的活动，活动发起方会对活动的关注和参与人数、传播范围和转化效果等进行评估；如果是以营利为目的的活动，活动发起方会对活动成交额和销售额等进行评估。

2. 是否能保证活动的质量

对活动本身来说，活动在策划和执行时是否能保证活动质量是评估的主要内容。特别是在活动执行过程中，有时尽管活动策划者考虑周到，仍然因为意外情况无法保证活动圆满完成或根本无法再进行下去，那么活动效果评估必然是不理想的。

可见，从活动本身来说，活动质量方面的评估主要取决于两个方面，具体分析如图 11-5 所示。

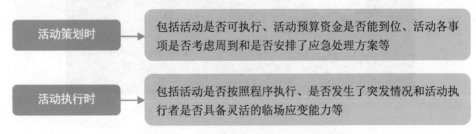

图 11-5　影响活动质量评估的两个方面

3. 对参与的活动是否满意

从活动受众方面来看，他们是所参与活动的活动效果评估的一项重要内容。因为受众既是活动的目标人群，也是让活动能全面开展起来的人气支撑。而且受众对活动是否满意，是活动效果最直接的反映。只有当参与的受众感到满意，才能保证活动的效果可能是理想的。

11.3.2 活动影响，宣传评估

关于活动的影响力评估，人们首先想到的可能就是那些大型活动对社会、政治和经济所产生的巨大影响力，如体育盛会、大型公益活动和国家年度晚会活动等。其实，无论是什么规模的活动，它都能产生一定的影响力，只是影响的范围和程度有所不同而已。

一般而言，活动的影响力从与活动相关的主体及宣传媒体来说，主要可从以下4个方面进行评估。

1. 活动发起方

对活动发起方来说，活动的影响是存在巨大差异的，有些活动的影响可能是一时的，有些活动的影响可能会一直延续下去。特别是一些旨在提升品牌知名度和树立品牌形象的活动，其影响力可能一直伴随着品牌的成长与发展。

例如品牌赞助活动，随着节目和活动的影响加大，品牌方的知名度和品牌形象自然而然也会得到提升。如图 11-6 所示，为"环中国"唯一自行车品牌赞助商——喜德盛的品牌赞助嘉年华活动。

图 11-6　喜德盛"环中国"品牌赞助活动

2. 活动受众

对活动受众来说，在活动评估时很多方面都需要考虑到，如活动的效果评估，还有活动的影响力评估都会有活动受众的参与。那么，从活动受众的影响力方面来看，主要表现在哪儿呢？

一般来说，活动对受众的影响力的表现是多样的，例如营销类活动对受众的影响是让他们认识品牌、购买需要的产品。如果是长期使用的产品，可能这种影响力会非常持久。娱乐类活动对受众的影响主要是精神层面的，让受众感到愉悦，有时还可以受到娱乐文化的熏陶。

3. 工作人员

对工作人员来说，其影响力包括对内和对外两个方面，如图 11-7 所示。

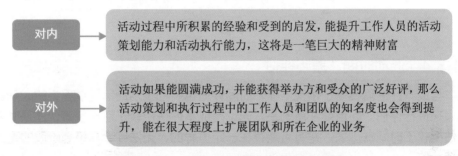

| 对内 | 活动过程中所积累的经验和受到的启发，能提升工作人员的活动策划能力和活动执行能力，这将是一笔巨大的精神财富 |

| 对外 | 活动如果能圆满成功，并能获得举办方和受众的广泛好评，那么活动策划和执行过程中的工作人员和团队的知名度也会得到提升，能在很大程度上扩展团队和所在企业的业务 |

图 11-7　工作人员方面的活动影响力评估

4. 宣传媒体

对宣传媒体来说，知名的、大型的热门活动的影响力也将是巨大的。这种影响力是分层次的，不仅能通过最初的活动信息的传播产生宣传效果，还能通过这些活动信息的传播产生二次转发，从而让影响力成倍增加。

11.3.3　活动成本，预算评估

要举办一场活动是需要花费较多成本的，以游戏为例，其成本就包括设计、开发和经营维护等成本。一般来说，对活动的成本进行评估需要关注两个方面：一是活动成本与活动预算的比较，二是活动成本与活动营销额、活动效果的比较。

从活动成本与活动预算的比较来看，如果评估结果超出预算太多，那么就需要活动策划者和活动执行者仔细分析，找出原因，并对多出预算的部分成本进行活动效果与价值的评估。

（1）如果超出部分的成本所创造出的价值和产生的活动效果对企业和品牌能产生足够大的积极影响，那么这一部分成本是值得的。

（2）如果超出部分的成本所创造的价值和产生的活动效果是很小的，或者几乎为零，那么这一部分成本就是浪费。

从活动成本与活动营销额、活动效果的比较来看，基于"一分耕耘，一分收获"的观点，不管是预算内的成本还是预算外的成本，花的每一笔钱都应该有其价值，否则活动的成本评估结果就是不理想的。

专家提醒

在活动策划和执行过程中，相关人员也不可完全基于节约成本的目的来开展活动，而是应该把活动的预算和成本控制在合理的范围之内，否则，如果想要节约成本，而在人力、物料和设备等方面进行不合理的缩减，最终会影响活动效果。因为活动已经举办了，也花费了一定成本，结果因为节约一部分成本而影响了整体的活动效果，是得不偿失的。

11.3.4　活动时间，差距评估

与成本评估需要基于预算一样，时间评估也要基于活动策划过程中的时间安排表来进行评估。而且要注意的是，无论是成本评估相较于活动预算，还是时间评估相较于时间安排表，是有可能存在一定差异的，无法完全与策划阶段的理论保持一致。

对活动的时间进行评估需要根据具体情况来完成。一方面需要了解活动时间与时间安排表之间的差距是否在合理的范围之内。另一方面，还需要认真对待活动时间与时间安排表之间存在的差距问题。那么，应该如何对待其中存在的差距问题呢？具体如图 11-8 所示。

没有预料的突发情况	面对发生的没有预料到的情况，其所花费的时间，活动评估时首先应该进行统计，得出具体的数据。其次是思考这些突发情况策划时为什么忽略了，并积极制定应急措施来解决这些问题，特别是非人为因素的突发情况
不符合活动现场情况的时间安排	在活动过程中，既有因为突发情况而多出安排表的时间，也有安排表上多出的不符合活动现场情况的时间。而后一种情况，也可以影响活动时间的评估结果，同时也是活动策划时应该避免的。因为它会影响活动安排的紧凑性，还会影响受众参与活动的体验

图 11-8　活动时间安排表与活动时间存在的差距问题分析

11.4　活动资料，整理存档

完成了活动的清场收尾、总结复盘和评估后，接下来就是活动结束后续工作的最后一个环节，那就是将与活动相关的资料进行整理并存档。对此，主要应做两部分的工作，具体如下所述。

11.4.1　活动总结，报告存档

活动结束后，相关人员应该撰写一份活动总结报告书，陈述活动相关情形，然后存档，以备日后查询和了解。一般而言，活动总结报告书应采取表格的形式来撰写，具体内容包括主办部门（单位）、活动名称、活动时间与地点、活动目的、活动内容、活动经费、活动完成情况和活动总结等，如图 11-9 所示。

编号--------

主办部门	生活部	活动名称	活动
活动对象	全体在校学生	时间、地点	年3月22日上午，门口
活　动目　的	本次活动旨在提高　　　　　　　，让　　　　了解到　　　现状，通过我们的宣传和倡导让　　　意识到　　　　　　。使　　　逐渐养成　　好习惯，形成　　　风气，创造出　　　　氛围。		
活　动内　容	1．通过宣传海报的形式向大家宣传　　　　　，同时进行签名活动并向签名　　赠送书签。 2．准备一个空展板和一些便利贴，鼓励大家写一些　　　的标语或方法贴在展板上，让更多的人参与到这个活动中来，亲力亲为。 3．活动期间组织　　　　　　　　　　张贴一些　，标志和　倡议书。 4．与新闻中心取得联系，在广播中宣传以"　　　　"为主题的相关　知识。 5．活动结束后，参与活动人员负责打扫活动现场卫生，维护好　良好形象。		
经　费预　算	横幅两张　　　　70（1张） 海报若干　　　80+30*7=290 书签　　　　　0.5*500=250 　标志　　　　50 签名用笔　　　2*4=8 便利贴　　　　10 其它　　　　　22 总费用　70+290+8+10+22+250+50=700 元		
实际经费使用情况			
活动完成情况	活动正常拉上帷幕，在一定程度上很好　　　，通过联谊签名让　　　　　保护工作中。在活动结束当天，留下部分有纪念意义的宣传海报继续放在活动现场，让　　　的意识深入　　　的心里。		

图 11-9　某活动总结报告书的部分内容展示

11.4.2 活动资料，数据存档

在对活动资料进行存档时，除了活动总结报告书外，还应该包括其他与活动相关的资料。这里的资料指的是活动策划、活动执行和活动评估等过程中涉及的所有有效信息。

例如在活动策划阶段，活动策划者收集到的所有文字、图片、音频和视频等，这些都花费了一定的时间和精力，不仅能用到现在进行的活动中，还有可能在日后的活动策划中用到，因此也有必要存档，以免后期重复工作。

在活动评估阶段，所有与活动效果有关的各种评估数据都是非常重要的参考数据，如媒体的发布、转载、评论等数据。这些都为活动的总结提供了客观依据，是让人们具体了解活动效果的客观标准。

第 12 章

行业活动，实战案例

　　前面我们介绍了活动策划的由来、前期准备工作、流程和执行方面的细节，以及活动结束后的后续总结工作，让我们了解并熟悉了整个活动策划的具体过程。

　　接下来，本章将主要向读者讲述不同行业中活动策划的实战案例，从而帮助大家更好地举办精彩的活动。

12.1　节日促销，提升销量

完成产品的销售是企业和商家举办活动的最终目的，这其中以节日和促销类活动尤为明显，很多活动策划经常以节日为主题来举办相关活动，或以节日为契机举办产品促销活动，以达到提高产品销量、增加盈利的目的。接下来笔者就带大家详细了解节日促销类活动策划的实战案例。

12.1.1　巧借节日，促销产品

中国是一个历史文化传统悠久的国家，也是唯一一个文明没有中断的国家，正因为我们中华文明的兼容并蓄、源远流长，才有了如今众多丰富多彩的传统节日，如春节、元宵节、端午节、中秋节等。当然也有非传统的节日，这种类型的节日是在近代以后才逐渐演变发展起来的，或者是从国外引进的，比如元旦、情人节、圣诞节等。

在现在这个商业化竞争激烈的时代，节日一直是商业活动利用的对象，企业和商家经常利用节日来策划产品促销活动，下面我们就来看看某电脑品牌的节日促销活动策划案例。

1. 活动背景

在节日来临之际，某电脑品牌推出"5.1劳动节狂欢大放价"的产品促销活动，该企业想通过"五一"劳动节这段时间，借助节日的影响，用价格优惠券的手段来提高自家电脑产品的销量，增加营业额和收益。

2. 活动目的

对于企业和商家来说，产品的销量决定了营业额的收入，而只有企业的盈利和收益越多，才能投入更多的资金研发新的产品和技术，进而维持企业的运营和发展。节日促销活动是提高产品销量的一个重要手段，除此之外，举办节日促销活动的目的和作用还体现在以下几个方面。

（1）提高电脑产品的销量，增加盈利收益。

（2）庆祝节日，增加节日气氛。

（3）提高电脑品牌的知名度。

（4）用优惠来吸引消费者的喜爱，增加企业的客户数量。

3. 活动内容

关于促销活动的内容包括以下几个方面，如图12-1所示。

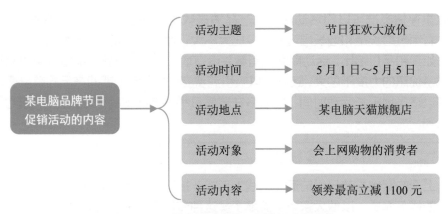

图 12-1　某电脑品牌节日促销活动的内容

4. 工作安排

由于该电脑品牌的节日促销活动是在自家的天猫旗舰店推出的，所以需要相应的美工人员、文案人员，以及天猫店铺的运营人员互相配合，制作产品活动的宣传海报，并放置在天猫旗舰店的首页展示区。除此之外，还要做好节日促销活动的宣传推广工作，以便让广大消费者知道和了解。如图 12-2 所示，为该电脑品牌节日产品促销活动的宣传海报。

图 12-2　某电脑品牌节日促销活动的宣传海报

5. 活动总结

在活动结束之后，我们需要对节日促销活动的效果进行评估。一般这类活动的效果评估标准可以用活动期间的产品销量数据和平日的产品销量数据进行对比，看销量增长量和增长幅度的百分比大不大，就可以知道该活动的效果了。

如果和平日相比，活动期间的销量并没有增长多少，那就要找出其中的原因，可能是优惠的力度不够大，还不足以吸引消费者；如果活动期间产品的销量暴增，那可以适当地延长活动时间，或者多在节假日举办产品促销活动，以便获取更多的盈利。

12.1.2　过节购物，实惠划算

上面的案例是节日促销活动的线上形式，接下来笔者将要介绍的是节日促销活动的线下模式，以便大家更全面地了解这种节日促销的活动策划。每到逢年过节，商场、超市总是会推出各种购物优惠活动。所以，笔者就以某百货超市在中秋节的促销活动为例，介绍节日促销活动的线下实战案例。

1. 活动背景和目的

中秋节是中国的传统节日之一，某百货超市为了迎接和庆祝中秋节的到来，特推出购物促销优惠活动，一方面可以回馈广大消费者和顾客，增加超市的顾客人数和人气；另一方面也可以增加超市的商品销量，大大提高超市的营业额。

2. 活动主题

该百货超市的节日促销活动主题为"购物实惠，送惊喜"。

3. 活动时间

该百货超市的节日促销活动时间是 9 月 11 日～9 月 13 日。

4. 活动内容

如图 12-3 所示为某百货超市中秋节促销活动的内容。

图 12-3　某百货超市节日促销活动详情

5. 注意事项

一般来说，在大型商场和超市的节日促销活动中，都会详细说明活动应注意的一些事项，下面就是某百货超市节日促销活动的注意事项。

（1）顾客凭当日购物小票领取礼品，隔日无效。

（2）小票不可累加，单张小票限领 1 次礼品。

（3）礼品为非卖品，概不退换。

（4）烟酒柜、小家电、大宗团购不参与活动。

12.2　庆典公关，宣传为主

企业和单位为了树立形象、宣传口碑、提升影响力和知名度，通常会举办相关活动来达到这个目的，而庆典和公关类活动是最常见的两种活动方式，接下来笔者就分别来介绍这两种活动类型的实战案例。

12.2.1　庆典活动，树立形象

在日常生活中，我们经常可以看到某某店铺或公司开业庆典的活动场景，所有老板对这个仪式典礼都是非常重视的，因为它标志着一家公司或企业的正式诞生，具有非常重大的意义。而且借助庆典活动还可以宣传企业的品牌和形象，所以像开业庆典类活动的策划和举办是最花时间和精力的。笔者以某店铺的开业庆典活动为例进行详细讲解。

1. 活动目的

在举办开业庆典活动时，主要的目的就是向参与活动的受众介绍店铺的产品、服务以及业务范围，如图 12-4 所示。

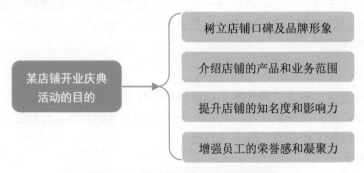

图 12-4　某店铺开业庆典活动的目的

2. 活动主题

店铺在选择开业庆典活动主题的时候，可以直接以店铺的名称为主题。当然，如果要想引起活动参与者和媒体的兴趣及关注，就要稍微花点心思撰写一个具有创意和新颖的活动主题，例如："某某开业庆典，万众瞩目，盛大开启""乘市而上，同创共享""活出精彩，共创未来"等。

3. 活动时间和地点

开业庆典活动在时间的选择上应该注意以下几个方面的问题，如图 12-5 所示。

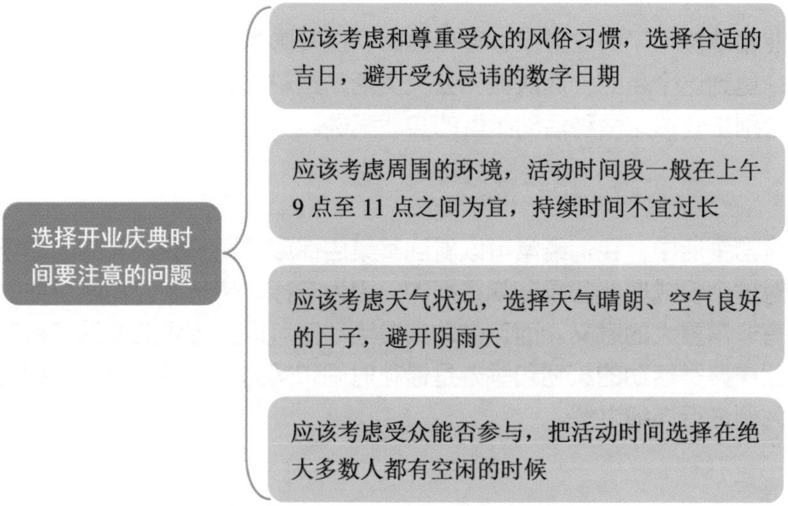

选择开业庆典时间要注意的问题

- 应该考虑和尊重受众的风俗习惯，选择合适的吉日，避开受众忌讳的数字日期
- 应该考虑周围的环境，活动时间段一般在上午 9 点至 11 点之间为宜，持续时间不宜过长
- 应该考虑天气状况，选择天气晴朗、空气良好的日子，避开阴雨天
- 应该考虑受众能否参与，把活动时间选择在绝大多数人都有空闲的时候

图 12-5 选择开业庆典时间要注意的问题

店铺开业庆典活动的举办地点一般就在店铺现场举行，如果店铺室内空间足够容纳活动全部参与人员，就应选择在室内举行；如果室内空间较小，就应选择在室外开展活动。

4. 活动准备工作

前面笔者讲过开业庆典类的活动策划是很耗费时间和精力的，虽然活动正式进行的时间可能只有一到两小时左右，但是前期的活动准备工作耗时比较长，其要做的活动准备工作主要有以下几方面。

1）宣传

宣传对开业庆典来说十分重要，做好前期的宣传工作，才能吸引更多的人来参加店铺的开业庆典活动，让无数受众一起来见证这个非常重要的时刻，更重要的是前期的宣传在一定程度上可以影响店铺的业绩和盈利。

那么，该如何做好店铺开业庆典活动的前期宣传工作呢？笔者建议大家从两方面来进行：一是准备宣传的内容资料，其内容可以包括店铺的经营理念、产品及业务范围、开业优惠酬宾等；二是如果成本预算足够，可以邀请媒体合作进行报道宣传，如果经济实力有限，可以将宣传内容以发传单的形式，雇人进行宣传。

2）嘉宾

关于活动嘉宾人选方面，开业庆典活动的准备工作主要包含以下 3 个方面，如图 12-6 所示。

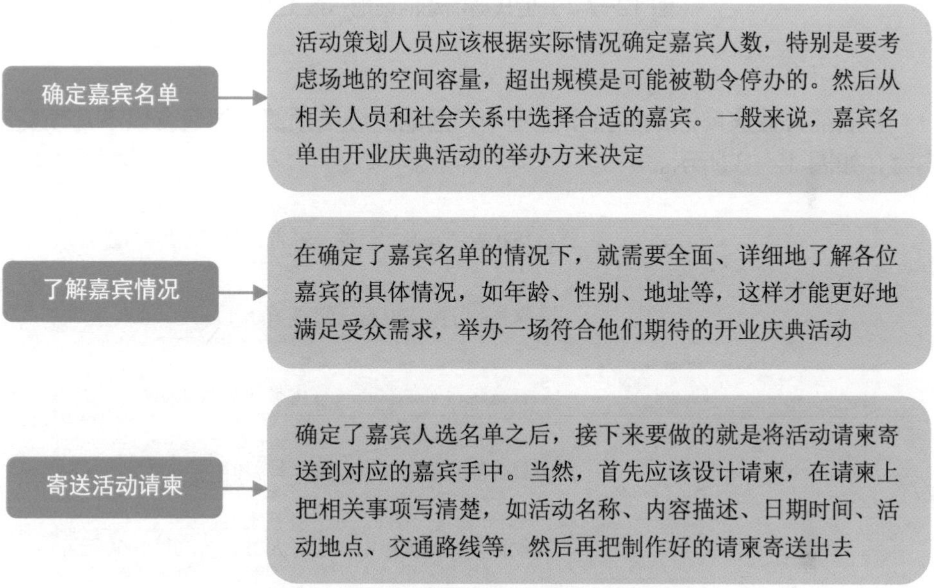

确定嘉宾名单	活动策划人员应该根据实际情况确定嘉宾人数，特别是要考虑场地的空间容量，超出规模是可能被勒令停办的。然后从相关人员和社会关系中选择合适的嘉宾。一般来说，嘉宾名单由开业庆典活动的举办方来决定
了解嘉宾情况	在确定了嘉宾名单的情况下，就需要全面、详细地了解各位嘉宾的具体情况，如年龄、性别、地址等，这样才能更好地满足受众需求，举办一场符合他们期待的开业庆典活动
寄送活动请柬	确定了嘉宾人选名单之后，接下来要做的就是将活动请柬寄送到对应的嘉宾手中。当然，首先应该设计请柬，在请柬上把相关事项写清楚，如活动名称、内容描述、日期时间、活动地点、交通路线等，然后再把制作好的请柬寄送出去

图 12-6　开业庆典活动嘉宾方面的准备工作

3）场地布置

在举办开业庆典活动的时候，可以通过铺设红色地毯来凸显活动的隆重和喜庆，除此之外，开业庆典活动的场地布置还包括以下几个方面，如图 12-7 所示。

4）人员安排

在店铺开业庆典活动的准备过程中，需要专门安排相关人员负责活动的各项具体工作，至于活动策划中具体人员的工作内容安排，应根据每个人的特长和能力合理地安排工作，以便活动能够顺利圆满地完成。

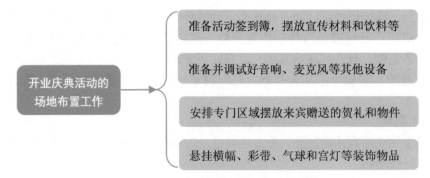

图 12-7　开业庆典活动的场地布置工作

5. 活动预算

在店铺开业庆典活动的整个过程中，活动的经费预算主要包含以下几项支出内容，如图 12-8 所示。

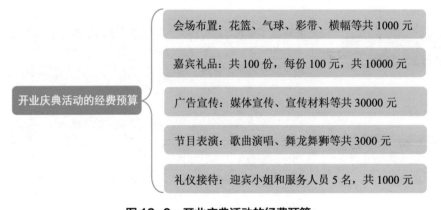

图 12-8　开业庆典活动的经费预算

6. 活动内容

店铺开业庆典活动的流程一般可分为以下几个环节，详细内容如下所述。

（1）9:00~9:30，礼仪人员接待来宾，进行签到并引导至指定区域。

（2）9:30~10:00，进行节目表演，增加喜庆气氛，为活动预热。

（3）10:00~10:05，开业庆典仪式正式开始，由活动主持人致开场词。

（4）10:05~10:25，礼仪人员引导店铺老板上台并致辞。

（5）10:25~10:45，特邀嘉宾和店铺合伙人或投资方分别派代表致辞。

（6）10:45~10:55，剪彩仪式开始，礼仪人员拉开红色绣球，引导老板和剪彩嘉宾上台，鸣礼炮并剪彩带。

（7）10:55~11:00，活动结束，工作人员安排来宾有序退场，并做好活动现场的清洁收尾工作。

7. 效果评估

总体而言，店铺举办的开业庆典活动还算比较顺利和成功，达到了活动宣传的目的，向外界公布了店铺正式营业的消息，同时介绍了有关店铺的详细情况，让参与活动的受众进一步了解了店铺的真实现状和未来的发展潜力。

当然，活动过程中也存在着一些细节问题，需要活动策划的相关人员总结活动经验，找出问题和解决方案，以便为下一次的活动策划提供借鉴。

12.2.2 公关活动，提升影响

公关活动是指通过运用传播沟通的方法去协调组织和社会之间的关系，影响组织的公众舆论，建立良好的形象和声誉。但凡有公司推出新的产品，都要举办新品新闻发布会，尤其以科技公司最为明显。所以，笔者就以某公司的新品新闻发布会活动策划为例来讲述公关类活动。

1. 活动地点

新品新闻发布会活动一般来说都是在室内举办的，这样可以规避天气因素的影响，且环境很安静。但是活动地点的场地大小一定要选好，要根据参与活动的实际人数来选择合适的地点。室内场地应尽量大一些，这样有利于媒体记者拍照，像手机、电脑等科技新品的新闻发布会的活动场地就应选择在大学的体育馆举行。

2. 活动时间

新品新闻发布会活动的时间选择一定要注意以下几个方面的问题，如图 12-9 所示。

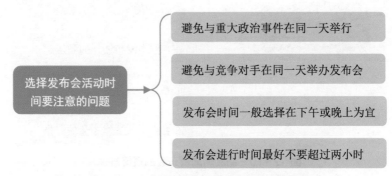

图 12-9 选择发布会活动时间要注意的问题

例如，某公司新品新闻发布会就于 2019 年 8 月 28 日 14:30 在珠海大剧院举行，活动时长为两小时。

3. 活动主题

对于企业而言，举办新品新闻发布会的实质就是介绍产品，若产品质量足够好、设计足够美观、功能足够强大，那么一切营销手段都只不过是"耍流氓"。所以，该公司的新品新闻发布会活动的主题是"让产品说话"。这样的活动主题非常大胆直接，让人不禁好奇到底是怎样的产品敢说这样的"大话"呢？

4. 活动目的

某公司举办新品新闻发布会活动的目的有以下几点。

（1）让新产品正式上市，介绍产品的详细情况。

（2）介绍公司取得的成就，向受众展示公司的实力。

（3）为新产品的销售宣传造势，开启新产品的购买预约。

5. 活动背景

由于该公司所处的行业竞争非常激烈，再加上近几年公司的经营状况不是特别理想，所以该公司急需用一款足够优秀的产品来证明自己，举办这场新品新闻发布会活动来扩大公司的影响力。

6. 宣传方式

新品新闻发布会活动的宣传方式有很多，活动策划者可以根据产品的特点加以选择。如图 12-10 所示为新品新闻发布会的宣传方式。

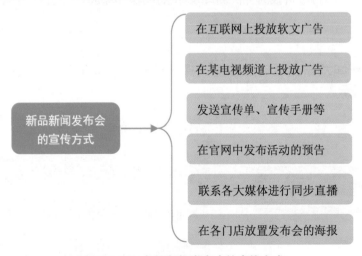

图 12-10　新品新闻发布会的宣传方式

7. 活动受众

某公司新品新闻发布会活动的参与受众群体是多方面的，他们来自不同的行业和领域，主要有以下几类。

（1）公司的内部职员。

（2）特邀的嘉宾人士。

（3）媒体平台的代表。

（4）产品品牌的粉丝。

8. 活动准备

新品新闻发布会活动的准备工作可分为 3 部分，即现场布置、物料准备、人员安排。如图 12-11 所示为某公司新品新闻发布会活动的现场布置细节。

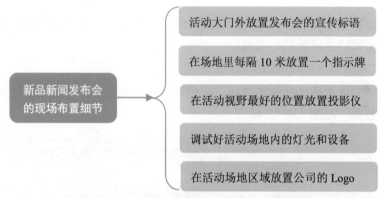

图 12-11　新品新闻发布会的现场布置细节

新品新闻发布会活动需要准备的物料有邀请函、宣传册、发言稿、摄像机、无线扩音器、音响、笔记本、投影仪、指示牌、产品样品等。如图 12-12 所示，为活动的工作人员安排。

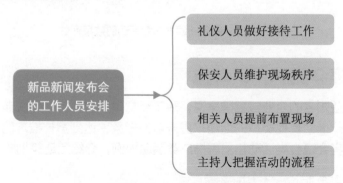

图 12-12　新品新闻发布会活动的工作人员安排

9. 活动流程

新品新闻发布会的活动流程一定要将各环节精确到具体的时间段，某公司新品新闻发布会的活动流程安排如下所述。

（1）14:00~14:30，礼仪人员接待来宾，进行签到且引导就座。

（2）14:30~14:35，主持人宣布新品新闻发布会活动正式开始。

（3）14:35~14:50，公司总裁首先介绍公司取得的一些成就。

（4）14:50~15:50，公司总裁接着介绍新产品的特性和功能。

（5）15:50~15:55，工作人员给受众展示新产品的样品，以及说明产品的正式售卖时间。

（6）15:55~16:00，活动结束，安排受众有序退场或引导至新品体验区。

10. 活动预算

在进行新品新闻发布会活动的准备工作时，需要将活动的预算列出一个清单，使每项花费支出尽量做到不浪费。

11. 活动评估

新品新闻发布会活动结束之后，公司可以从以下这几个方面来获取发布会活动的评估效果，如图 12-13 所示。

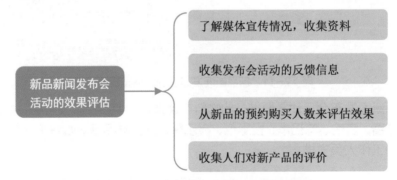

图 12-13　新品新闻发布会活动的效果评估

12.3　宴会品牌，策划执行

对于一些知名的企业或品牌来说，除了经常举办节日促销、庆典公关等活动外，还有可能借助其他类型的活动来提升自身形象，达到宣传推广的目的。接下来笔者就以宴会晚会类活动和品牌推广类活动为例，介绍活动策划的实战案例。

12.3.1　宴会晚会，增进感情

宴会晚会活动是我们现实生活中最常见的活动类型，比如班级活动、同学聚会、公司年会等基本上都是这种活动形式，下面就来为公司模拟一份年会活动策

划书，具体内容如下所述。

1. 活动背景

宴会晚会活动有利于公司同事之间的沟通和交流。为了把这种沟通和交流做得更好，某公司还安排了每半年一次的年会活动，以便各部门之间紧密联系、团结合作，促进公司的共同发展。

2. 活动目的

活动策划者应该在策划书中首先将活动的主要目的展示出来，这样才便于在后期的活动策划和执行阶段基于这一目的开展工作，也能让举办方和相关参与人员了解活动的价值和作用，为活动策划付诸执行打下基础。如图 12-14 所示为某公司展示年会活动的目的。

图 12-14　某公司年会活动策划目的

3. 活动主题

某公司年会活动主题为"同心共赢，筑梦远航"。

4. 活动时间和地点

活动时间为 2020 年 1 月 18 日 17:00~19:00，活动地点为长沙市岳麓区麓天路 2 号五强商务中心。具体活动地点待现场确认。

5. 活动对象

全体公司员工。

6. 活动流程

年会活动的流程一般也是比较简单的，活动策划者只要把握好时间节奏进行撰写即可，下面是某公司年会的活动流程。

（1）17:00~17:15，参与人员进场签到，发放活动相关资料和礼品。

（2）17:15~17:20，主持人宣布活动开始，致开场词。

（3）17:20~17:50，总裁总结过去一年的工作，制定公司明年的发展目标。

（4）17:50~18:00，对工作业绩杰出的优秀员工进行表彰和奖励。

（5）18:00~19:00，各部门相关人员表演才艺节目。

（6）19:00~19:30，引导员工前往餐厅就餐。

（7）19:30~20:00，活动结束，安排好交通工具接送员工。

7. 工作安排

公司年会活动的工作安排，需要做到详细清楚，让活动执行人员能看懂、能落地执行，如表12-1所示。

表12-1　某公司年会活动工作安排表

责任人	时间安排	主要事项
宣传部	2020年1月11日~17日	①负责公司活动宣传内容的制作； ②检查场地装饰布置
财务部	2020年1月16日	①根据活动情况准备相关发票； ②做好采购预算
其他部门	2020年1月13日~15日	①保证场地清洁、布置场地； ②保证活动过程中的安全； ③做好活动礼品、活动相关工具的采购工作； ④确定活动人员和嘉宾，发布邀请函； ⑤落实培训活动主持人

8. 活动预算

计算公司年会活动的所有花费，如表12-2所示。

表12-2　某公司年会活动预算表

用途	项目	单价	数量	总价/元
前期推广	宣传资料	10元/份	50份	500
道具租借	话筒	20元/个	4个	80
	音响	500元/台	2台	1000
	桌子	800元/张	1张	800
布置工具	气球	5元/打	100打	500
	胶带	2元/卷	10卷	20
礼品	茶具	20元/套	10套	200
餐饮	晚餐	1000元/桌	10桌	10000
总计				13100

9. 活动评估

这次年会活动，加强了各部门同事之间的联系和交流，总结了工作经验，制订了全新的公司未来发展规划，让公司员工更具有凝聚力和荣誉感，使公司朝着更好的方向稳步发展。

12.3.2　品牌推广，宣传造势

品牌推广是企业常用的宣传战略之一，下面就来为某咖啡品牌模拟一份活动策划书，具体内容如下所述。

1. 活动背景

作为一款新兴的饮料品牌，某咖啡品牌依托雄厚的投资资本，为了快速占领市场份额，扩大品牌的规模和影响力，在各连锁店推出分享下载 App，即可免费赠送一杯咖啡的优惠活动。

2. 活动目的

某咖啡品牌希望通过这样的分享免单活动推广自己的品牌，从而提高品牌的知名度和影响力，扩大市场份额，让更多的人喝到既便宜又好喝的咖啡。

3. 活动主题

某咖啡品牌分享免单活动的主题为"这一杯，谁不爱"。

4. 活动时间和地点

活动时间为 2019 年 9 月 27 日～ 11 月 8 日，活动地点为某咖啡品牌各连锁店。

5. 活动对象

活动对象为某咖啡品牌连锁店的新老用户。

6. 活动的内容和流程

某咖啡品牌分享免单活动的内容主要是：邀请好友成为该 App 的新用户，即可各自获得一张优惠券，用于抵扣饮品。

活动流程包括 5 个步骤，内容如下所述。

（1）扫描好友分享的二维码，下载咖啡商城 App。

（2）打开 App，注册、登录账号。

（3）领取优惠券，定位离自己最近的门店。

（4）选择自己喜爱的品类，并使用优惠券下单支付。

（5）前往下单所在的门店，领取制作好的咖啡。

7. 活动评估

某咖啡品牌的分享免单活动不仅宣传推广了自己的品牌，而且让广大消费者免费喝到了原料优质的咖啡，受到用户的认可和喜爱，树立了良好的品牌形象，被消费者誉为"民族之光"。

12.4 电商活动，线上营销

在各种营销平台上，企业和商家会开展不同形式的活动来促进产品和服务的销售，这是电子商务市场竞争加剧的要求。本节主要介绍电商营销活动的策划案例，从而实现网店提升销量和营销额的目标。

12.4.1 电商营销，提升销量

提到电商营销活动就不可避免地要提到"双十一"，作为最成功、规模最大的电商营销活动，"双十一"活动自然有许多值得大家借鉴学习的独到之处。"双十一"活动的 3 点独到之处，具体分析如下。

1. 宣传独到

宣传是电商活动中重要的一环，宣传到位可使活动事半功倍，"双十一"电商营销活动在宣传上的经验就十分值得大家学习。

"双十一"本来指的是每年 11 月 11 日在网络上盛行的一个名为"光棍节"的节日。但阿里巴巴公司很快就发现这个网络节日的商业潜力：光棍节的主题是摆脱单身生活，响应活动主题的多数是年轻群体，他们易于也乐于接受新鲜事物，并且他们也具备一定的消费能力和具有较为强烈的消费愿望。

阿里旗下最大的电商平台淘宝网随后便紧扣光棍节主题进行宣传，力求将"单身""爱情"等光棍节热门词汇与网购联系在一起，推出了如"既然遇不到喜欢的人，那遇到喜欢的东西就买了吧""已经错过了她，怎么还能再错过它"等许多富有趣味且紧扣光棍节主题的宣传广告语。这些广告语马上就在互联网上流行开来，让这个有一定热度却没有相应庆祝活动的节日有了举行活动的动机。随后光棍节摆脱单身生活的主题逐渐被淡化，购物消费的活动形式却越来越成为主流。

从上述案例中大家可以看到，淘宝网对于电商营销活动的宣传不仅仅是借势，它更是赋予，通过对机会的把握，淘宝网成功地获得了反客为主的宣传效果。

2. 目标准确

找准目标客户对电商营销活动来说十分关键，虽然网络使电商营销活动的服务能力比一般门店营销的服务能力高出许多，但电商营销活动的服务能力始终是有限的，活动不可能满足每一个参与者的需求。电商营销活动关注的重点始终应放在与活动主题对应的参与受众身上，因为他们才是为活动带来盈利的中坚力量。

"双十一"电商营销活动就十分准确地定位了目标用户，虽然淘宝网一开始就想将"双十一"打造成迎合所有人的全球购物盛典，但初期的"双十一"买家和卖家都是雾里看花，不清楚这类大型综合电商营销活动的前景，所以最初参加"双十一"的电商都是一些销量比较好的、盈利有保障的零售类网店电商，所有

参加"双十一"的消费者也是以购买零售商品，如日用品、服装等为主，第一届"双十一"的销售额也只有 0.5 亿元。但后来随着淘宝网对目标受众的准确把握，"双十一"的规模不断扩大，终于发展成了全球性的网购盛典，淘宝网"双十一"期间的销售额也逐年攀升。

3. 策略成熟

大型电商活动也并不只有"双十一"，除了"双十一"还有众多其他大型的电商营销活动，如"818""618"等。但最成功、最有影响力的还是"双十一"，这主要得益于"双十一"成熟的活动策略，这些策略主要表现在 3 个方面。

1）宣传

淘宝网作为我国最早兴起的电商平台和目前最大规模的电商平台，其在营销宣传方面的经验无疑是非常丰富和成熟的，同时淘宝网也是"双十一"电商营销活动的缔造者和发起者，在"双十一"电商营销活动的早期，淘宝网充分运用自身的营销宣传经验，对"双十一"进行了大量且广泛的包装和宣传。

2）形式

淘宝网虽然是"双十一"电商营销活动的主办方，但它十分清楚自身的定位，知道网店商铺才是"双十一"的活动主力军，自身只需保障好平台活动相关服务的提供不出问题就可以了。因此淘宝网给了平台内电商很大的活动自主性，活动期间电商可以独立确定诸如分期、返利、预购等多种各具特色的优惠形式。

这使得"双十一"与以往的电商活动不同，形式上变得像是一场大型的网上集会，参与者在活动中就像在一场大型庙会一样可以收获许多不同的惊喜体验，这让"双十一"在提供商品优惠的同时，还能提供给参与者独特的消费体验。

3）观念

淘宝网一手打造的"双十一"不仅将网购和每年的 11 月 11 日联系起来，灌输给人"双十一"进行网购的观念，更是将自身和"双十一"捆绑起来。

以每年 11 月 11 日为噱头开展电商营销活动并不是淘宝网特有的权利，其他电商平台也可以举办"双十一"营销活动。但这些电商平台在"双十一"活动时竞争不过淘宝网，一方面是因为淘宝网作为目前大型电商平台在用户、服务等方面的先天优势；另一方面则是淘宝网作为"双十一"电商营销活动的主要推动者，在历届的"双十一"活动中都不断将"双十一"与自身的联系强化，如每年"双十一"活动结束后淘宝网都会公布本届"双十一"在淘宝网平台上的销售额。

特别是在淘宝网的母公司阿里巴巴取得了"双十一"的注册商标并授权给旗下的淘宝天猫独家使用后，这一做法看似作用有限，虽然并不会因为阿里为淘宝网注册了"双十一"的商标，其他平台就不能举办"双十一"电商营销活动了，但通过这一行为，淘宝网无疑是向人们宣告了自身与"双十一"的紧密联系，无形之中向大众灌输了一种"双 11 就要上淘宝网"的概念。

12.4.2　团购拼单，优惠多多

说起电商团购活动，就不得不提到美团和拼多多这两大电商团购平台，下面就以在拼多多 App 上的一个拼团活动为例，模拟一份活动策划书。

1. 活动背景

如今团购已经备受消费者的关注，对于实体店来说，团购是一种拓宽消费者人群的渠道，也是将品牌口碑做好的渠道。于是我们针对某服装店来量身定做一次活动策划，势必将品牌推广出去，提高品牌知名度和产品好评率。

2. 市场分析

关于进行团购活动的好处，主要有以下几点，如图 12-15 所示。

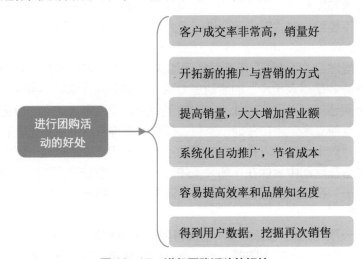

图 12-15　进行团购活动的好处

关于选择某团购平台的原因有以下几个方面。

（1）该团购平台的市场份额占比高，用户数量多。

（2）目标受众集中区域为平台运营范围。

（3）平台覆盖的城市范围更广。

3. 活动内容

策划书主要应将活动名称、时间、地点、目的等内容叙述清楚，具体内容如下所述。

1）活动名称

在活动名称上，应尽量将商家名称、优惠价格体现出来，如"本店全场商品一律买一送一"。

2）活动时间

活动时间设置为 2020 年 4 月 1 日～ 4 月 30 日。选择团购活动的时间，其设计要点包括以下 3 点，如图 12-16 所示。

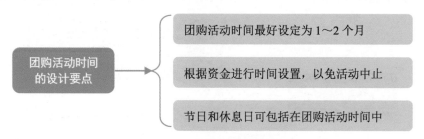

图 12-16 进行团购活动的好处

3）团购地点

某服装店选择团购活动的平台为拼多多，其设计要点包括以下 4 点，如图 12-17 所示。

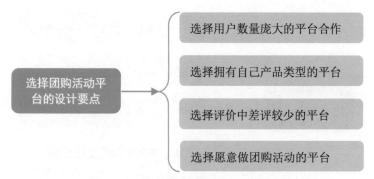

图 12-17 选择团购活动平台的设计要点

4）活动人群

此次团购活动人群是喜欢潮流衣服的年轻人。需要注意的是，在合作时要认真商谈合作事宜，以便更精准地找到目标人群。

5）活动目的

此次团购活动的目的是提高商家知名度、产品销售量。在设计时，要做到一点，那就是活动目的要吻合企业的宗旨。

6）活动主题

此次团购活动的主题是"本店全场商品一律买一送一"，其设计要点应围绕活动目的进行活动主题的设计。

4. 活动运营

活动运营主要是需要将活动宣传、操作流程的内容叙述清楚。其中关于活动宣传可从两个方面来理解：一是设计要点，二是活动宣传方式。图 12-18 所示为活动宣传的设计要点。

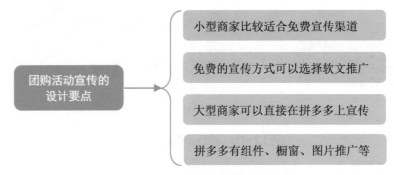

图 12-18　团购活动宣传的设计要点

图 12-19 所示为团购活动宣传方式的介绍。

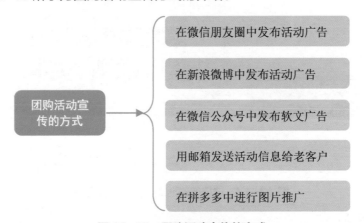

图 12-19　团购活动宣传的方式

团购活动的操作主要包括 6 个流程，具体内容如下所述。

（1）2020 年 3 月 12 日，与拼多多约谈合作事宜。

（2）2020 年 3 月 20 日，谈好价钱，签订合同。

（3）2020 年 3 月 24 日，制定详细的活动内容，并进行投放。

（4）2010 年 3 月 25 日至 31 日进行宣传。

（5）活动期间给参与者热情、贴心的服务。

（6）活动期间时刻查看评价，及时回复。

5. 活动细则

主要讲解活动详细规则的描述，其中包括活动开展与使用日期、联系方式等。
具体内容如下所述。

1）活动开展与活动使用日期

确定为 2020 年 4 月 1 日～ 4 月 30 日，节假日通用。

2）联系方式

联系方式一般包括 3 种，即手机号、座机号和微信号。当然，越详细越好，
便于参与者联系。

3）活动优惠

全场衣服买一送一，买得越多，送得越多。

4）购买须知

关于产品的描述中有"购买细则"一项，在此就基于相关方面进行介绍，如
图 12-20 所示。

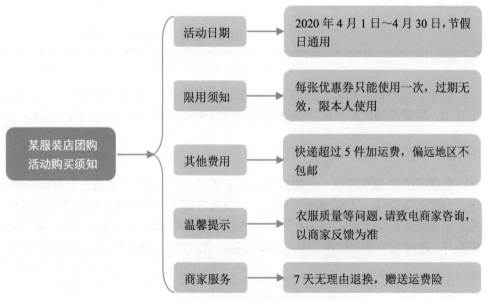

图 12-20　某服装店团购活动购买须知

5）产品展示

需要将店内的商品用图片展示出来，且要求图片美观、真实。

6）商家介绍

关于商家介绍，可以直接放置商家的店面照片。当然，店面照片同样需要美
观，且能将店内环境凸显出来。

6. 活动工作安排

服装店团购活动策划书的工作安排，就是需要讲述活动工作的整体安排，如表 12-3 所示。

表 12-3　活动工作安排表

责任人	时间安排	主要事项
策划部	2020 年 3 月 5 日～ 11 日	制作团购活动策划书，并等待审批
销售部	2020 年 3 月 12 日	与拼多多商谈合作事宜
销售部	2020 年 3 月 13 日～ 20 日	谈好价格，签订合同
策划部	2020 年 3 月 24 日	制定详细的活动内容进行投放
宣传部	2020 年 3 月 25 日～ 31 日	进行活动宣传
服务部	2020 年 4 月 1 日～ 4 月 30 日	从活动开始到结束期间，需要做好以下两件事。 （1）服务部需要给进店消费的参与者提供好的服务； （2）面对参与者的评价要及时回复

7. 活动总结

需要活动策划者用总结性的话语来表达此次活动应达到的活动目的，包括 3 个方面，即提高商家知名度、快速得到受众口碑和产品得到快速促销的机会。

12.5　新媒体活动，形式多样

互联网的快速发展给人们的生活带来了很多"新东西"：消费方面有新购物，出行方面有新交通，人际方面有新社交，资讯方面又有新媒体。新媒体时代的到来为活动策划提供了新的类型和形式，不仅使活动的参与方式更加便捷、宣传效果更好，还降低了活动成本。接下来笔者将为大家详细讲解新媒体活动策划案例。

12.5.1　微博互动，增加粉丝

新浪微博作为新媒体活动的第一阵地，拥有大量的新媒体活动资源，其对新媒体活动的影响也是巨大的。下面通过一则名为"随手拍，好礼来！"的新媒体活动的实战案例带大家深入了解新媒体活动策划。

1. 活动目的

"随手拍，好礼来！"活动的目的有 5 个，具体内容如下所述。
（1）提升门店品牌知名度。

（2）增加高质量的活跃粉丝。

（3）吸引潜在的高意向客户。

（4）增加门店产品的销量。

（5）增加公司官方微博的曝光度。

2. 活动重点

因为"随手拍，好礼来！"活动的目的是吸引关注，增加粉丝，增加门店产品的销量，提高营业额，所以"随手拍，好礼来！"活动只是一次前期宣传推广活动，活动主办公司显然是要将重点资源放到后期产品销售上。如图 12-21 所示为其在微博上发布的活动宣传推广信息。

图 12-21　"随手拍，好礼来！"活动的宣传信息

3. 参与方式

为了增强宣传效果，提高活动参与率，"随手拍，好礼来！"活动的参与方式很简单，如图 12-22 所示。

从这些规则中可以看出，新媒体活动门槛低，活动内容操作简单，并且很好地满足了主办方的需求。

4. 案例分析

"随手拍，好礼来！"活动抓准了自身的定位和活动的重点，其成功的关键有 3 点，如图 12-23 所示。

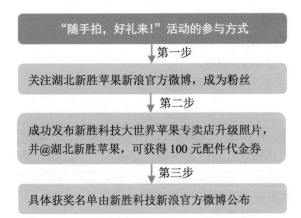

图 12-22 "随手拍，好礼来！"活动的参与方式

图 12-23 "随手拍，好礼来！"活动成功的关键

12.5.2 微信活动，引流变现

微信发展到今天，如今已经成为国内最大的社交平台，其发展势头已经有了超越"老牌霸主"QQ 的势头。对这一点笔者感触良多，因为随着时间的流逝，现在人们已经很少使用 QQ 进行沟通交流了。而微信公众号作为微信旗下的新媒体平台有着庞大的用户流量群体，所以是很多企业、商家和个人运营者进行活动策划的绝佳场所。

接下来笔者就以公众号"人人钢琴网"的"EOP 造神计划"活动为例，来介绍微信公众号活动策划的实战案例。

1. 活动目的

人人钢琴网为了更好地普及 EOP 键盘钢琴，从而开展的新手培训活动，招募真心想学键盘钢琴或想为钢琴弹奏打基础的人。

2. 活动内容

"EOP 造神计划"活动的内容主要可分为以下几个方面。

1）领取福利

参加活动的受众可免费领取"键盘钢琴指法教程＋全键无冲机械键盘"。

2）活动规则

交纳押金后领取零基础指法教程＋全键无冲机械键盘，学习教程后，录制视频轻松实现押金全返。

3）报名方式

"EOP 造神计划"活动的报名方式为加入 EOP 官方 QQ 群或扫描微信二维码，选择对应套餐并支付押金后，即报名成功。

3. 活动成果展示

下面是"EOP 造神计划"部分活动成果的展示，如图 12-24 所示。

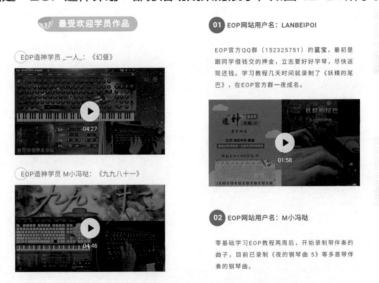

图 12-24　"EOP 造神计划"活动成果的展示